T0129746

essentials

essentials liefern aktuelles Wissen in konzentrierter Form. Die Essenz dessen, worauf es als „State-of-the-Art" in der gegenwärtigen Fachdiskussion oder in der Praxis ankommt. *essentials* informieren schnell, unkompliziert und verständlich

- als Einführung in ein aktuelles Thema aus Ihrem Fachgebiet
- als Einstieg in ein für Sie noch unbekanntes Themenfeld
- als Einblick, um zum Thema mitreden zu können

Die Bücher in elektronischer und gedruckter Form bringen das Expertenwissen von Springer-Fachautoren kompakt zur Darstellung. Sie sind besonders für die Nutzung als eBook auf Tablet-PCs, eBook-Readern und Smartphones geeignet. *essentials:* Wissensbausteine aus den Wirtschafts-, Sozial- und Geisteswissenschaften, aus Technik und Naturwissenschaften sowie aus Medizin, Psychologie und Gesundheitsberufen. Von renommierten Autoren aller Springer-Verlagsmarken.

Weitere Bände in der Reihe http://www.springer.com/series/13088

Holger Syhre · Stefan Luppold

Event-Technik

Technisches Basiswissen
für erfolgreiche Veranstaltungen

Holger Syhre
Oberhausen, Deutschland

Prof. Stefan Luppold
Duale Hochschule
Baden-Württemberg
Ravensburg, Deutschland

ISSN 2197-6708   ISSN 2197-6716 (electronic)
essentials
ISBN 978-3-658-19797-1   ISBN 978-3-658-19798-8 (eBook)
https://doi.org/10.1007/978-3-658-19798-8

Die Deutsche Nationalbibliothek verzeichnet diese Publikation in der Deutschen Nationalbibliografie; detaillierte bibliografische Daten sind im Internet über http://dnb.d-nb.de abrufbar.

Springer Gabler
© Springer Fachmedien Wiesbaden GmbH 2018

Gedruckt auf säurefreiem und chlorfrei gebleichtem Papier

Springer Gabler ist Teil von Springer Nature
Die eingetragene Gesellschaft ist Springer Fachmedien Wiesbaden GmbH
Die Anschrift der Gesellschaft ist: Abraham-Lincoln-Str. 46, 65189 Wiesbaden, Germany

Was Sie in diesem *essential* finden können

- Grundlagen der Event-Technik
- Fachbegriffe und deren Bedeutung
- Vorschriften und rechtliche Rahmenbedingungen
- Anforderungen an Event-Technik
- Technischer Planungsprozess
- Organisation und Event-Technik
- Veranstaltungstechnik-Personal
- Checkliste Technische Projektplanung

Inhaltsverzeichnis

Über die Autoren

Holger Syhre ist ein ausgewiesener Experte für den Einsatz und die Organisation von Event-Technik aus verschiedenen Perspektiven. Er lehrt u. a. an der Dualen Hochschule Baden-Württemberg (DHBW) in Ravensburg und der International School of Management (ISM) in Dortmund.

Prof. Stefan Luppold ist Studiengangsleiter BWL – Messe, Kongress- und Eventmanagement an der Dualen Hochschule Baden-Württemberg (DHBW) in Ravensburg.

Einführung 1

Die heutige Veranstaltungs- und Produktionstechnik im Einsatz bei Events und Veranstaltungsproduktionen jeder Art nimmt eine wichtige Stellung ein, die es erforderlich macht, diese sehr genau zu planen. Es ist notwendig, sich im Vorfeld einer Veranstaltung mit den Fachleuten der einzelnen technischen Gewerke über die Veranstaltung und deren Anforderungen an die Technik abzustimmen. Um unter Kostenaspekten die maximal notwendige Technik einzusetzen, ohne diese zu überdimensionieren, sind Grundkenntnisse der unterschiedlichen Einsatzfelder notwendig.

Nachfolgend werden die vielfältigen Sparten der Veranstaltungs- und Produktionstechnik ausgeführt, welche bei Veranstaltungen zum Einsatz kommen können.

Die Ausstattung für virtuelle Events (Geisser 2013) ist die Ergänzung beispielsweise für Teilnehmer und Gäste, welche nicht unmittelbar das Erlebnis im Raum und vor Ort erleben können oder wollen. Im Zeitalter der digitalen Transformation entwickeln sich die Möglichkeiten hierzu ständig weiter. Die Online-Übertragungstechnik durch hochauflösende Kameras im Raum oder z. B. an Drohnen, VR- Brillen (Virtual Reality Glases) oder am PC, schnelle Internetverbindungen, Glasfaserverkabelung usw. sind vielfältig und so kann heute weltweit in Echtzeit jeder an Veranstaltungen teilnehmen, jedoch ohne die echte Begegnung mit anderen Teilnehmern zu haben.

Es können nicht auf alle technischen Details eingegangen werden; deshalb ist es für bestimmte Themengebieten notwendig, weiterführende Literatur heranzuziehen (z. B. Grösel „Bühnentechnik", Mueller „Handbuch der Lichttechnik", Conrad „Lexikon der Beschallung" oder Lück/Böttger „Praxis des Riggings"). Die nachfolgenden Themen erheben insofern nicht den Anspruch auf Vollständigkeit.

Zunächst sollte man sich bewusst machen, was Veranstaltungstechnik ist. Eigentlich ist dies kurz zu beantworten, denn alle technischen Einrichtungen, die zur Durchführung einer Veranstaltung notwendig sind, kann man im weitest

© Springer Fachmedien Wiesbaden GmbH 2018
H. Syhre und S. Luppold, *Event-Technik,* essentials,
https://doi.org/10.1007/978-3-658-19798-8_1

gehenden Sinne dazu zählen. Auch die fest installierten, meist sehr komplexen haustechnischen Einrichtungen sind Bestandteil von Veranstaltungen. Im Ganzen unterscheiden wir also zwei übergeordnete Kategorien der Technik zu Veranstaltungen:

- Technik zur **Durchführung** von Veranstaltungen (wie z. B. Haus-/Hallen-Gebäudetechnik, Logistik, Transport usw.)
- Technik zur **Gestaltung** von Veranstaltungen (wie z. B. Beleuchtung, Ton, Bild, Bühnentechnik, Dekorationen, Ausstattungen usw.)

Ein Veranstalter hat das Interesse, die Technik zur Umsetzung seiner Ziele einzusetzen (Bühnert 2013; Luppold 2013a). So ist beispielsweise für die folgenden vier Ziele die entsprechende Technik notwendig:

Ziel	Technik (Beispiele)
Informieren	Präsentations-, Konferenz- und Medientechnik, Netzwerke und EDV, Telekommunikation
Werben und Verkaufen	Ausstellungs- oder Werbeflächen mit technischer Infrastruktur
Unterhaltung	Showtechnik (Beleuchtung, Bühnen, Effekte)
Repräsentation	Gastronomie, Messebau, Dekorationen, Hightech

Die Komponenten der Veranstaltungstechnik entwickeln sich derzeit rasant, sodass der Einsatz, insbesondere bei der Installation, bei Auf- und Abbau und bei der Bedienung, vereinfacht werden sollen. Die Komplexität der Anlagen nimmt mit zunehmender Digitalisierung zu und erfordert sehr qualifiziertes, vor allem jedoch spezialisiertes Personal für die einzelnen Fachgebiete. Fehlersuche und Reparaturen kurz vor Veranstaltungsbeginn sind kaum noch möglich, so ist das Vorhalten von ausreichend Backup-Material notwendig.

Kenntnisse über die einschlägigen Gesetze und Verordnungen sowie die technischen Regeln für den Einsatz von Veranstaltungstechnik zur Gewährleistung von Sicherheit und zum Schutz der Gäste sind heute unverzichtbar. Eine reibungslose Organisation zur technischen Planung und Durchführung unter Berücksichtigung aller sicherheitstechnischen Aspekte mit einer qualifizierten technischen Projektleitung ist hierfür wichtigste Voraussetzung.

Die Bausteine der Event-Technik greifen ineinander (siehe Abb. 1.1). Abhängigkeiten und Notwendigkeiten müssen bei der Planung erkannt werden. Deshalb haben sich „Full-Service"-Anbieter im Bereich der Technischen Services hier eine marktführende Position aufgebaut. Von der Idee bis zur Umsetzung sind sie

Abb. 1.1 Bausteine der Eventtechnik. (Quelle: Eigene Darstellung)

heute meist bereits zum Beginn eines Planungsprozesses dabei und unterstützen hier mit entsprechender 3D/CAD-Planungssoftware, um die Gestaltung einer Veranstaltung mit realistischen Animationen zu unterstützen. Das emotionale Empfinden für Helligkeit, Farbgebung, Raumgestaltung mit Bestuhlung, Dekorationen und Bühnengestaltung kann dadurch den Anforderungen einer Veranstaltung angepasst werden. Die notwendigen technischen Komponenten, welche zum Einsatz kommen sollen, sind so besser planbar.

Veranstaltungsorte

2

Die sehr unterschiedlichen und außergewöhnlichen Veranstaltungsorte (Goschmann 2013; Luppold 2013b) beherbergen ebenso unterschiedliche wie auch artfremde Veranstaltungen. Der ursprüngliche Nutzungsgedanke von Planern und Architekten wird in vielen Locations nur selten dauerhaft umgesetzt. Der Anteil der einzubringenden Fremdtechnik in Veranstaltungsstätten wächst stetig. Enorme Lasten sind zu koordinieren, zu transportieren und zu installieren. Die nachfolgende Aufzählung der Locations und die Zuordnung der Nutzungen sind heute übliche Durchschnittsbelegungen.

Messegelände/Messehallen (national)

Messen und Ausstellungen, Großveranstaltungen wie Produktpräsentationen, Kirchentage, Hauptversammlungen, Fernseh- und Filmproduktionen, Parteitage, Firmenevents.

Mehrzweckhallen/Arenen/Hangar

Tourneen, Shows und Konzerte Rock, Klassik, Volksmusik, Produktpräsentationen, Parteitage und andere politische Großveranstaltungen, Hauptversammlungen, Filmpremieren, Fernsehshows, Sportveranstaltungen.

Open Air/Stadien

Festivals aller Art, Kino, Konzerte, Sportveranstaltungen.

© Springer Fachmedien Wiesbaden GmbH 2018
H. Syhre und S. Luppold, *Event-Technik,* essentials,
https://doi.org/10.1007/978-3-658-19798-8_2

Kultur- und Konzerthallen/Kongresshäuser/Stadthallen

Konzerte, Versammlungen, Kongresse, Preisverleihungen, Kultur und Kunst, Tourneetheater, Firmenevents, Präsentationen, Ausstellungen, Galas, gastronomische/gesellschaftliche Veranstaltungen, Shows, Fernsehveranstaltungen, Parteitage.

Bühnen/Theater/Museen

Darstellende Kunst und Kultur wie Schauspiel, Oper, Theater, Ballett, Komödien, Musical, Cabaret, Kino, Kabarett, Shows.

Diskotheken/Clubs/Restaurants/Ballsäle (Hotels)

Gastronomische Events, Unterhaltung/Kabarett, Firmenevents, Diskothek, Familienfeiern, Tagungen, Seminare.

Zelte/Zirkusse/Jahrmärkte/Fliegende Bauten

Zirzensische Darbietungen, Artistik, Tiervorführungen, Erlebnisgastronomie, Versammlungen, „Bier- und Weinfeste", Stadtfeste, Musikfestivals.

Fernsehstudios

Produktionen von Film und Fernsehsendungen, Shows, Musik- und Werbevideos, Filmtouren, Special Events und Großveranstaltungen.

Special Event Locations/außergewöhnliche Veranstaltungsorte/Schlösser/Burgen

Gastronomische Events, Firmenevents, Special Events, Produktpräsentationen, Produktionen von Film und Fernsehsendungen, Theater, Festivals.

Haus- und Gebäudetechnik

3

Unter Haustechnik werden all jene technischen Einrichtungen verstanden, die zur Grundausstattung eines Gebäudes gehören. Diese Grundausrüstung bezeichnet man als *Technische Gebäude Ausrüstung (TGA)*.

Für die Planung von Veranstaltungen und bei der Auswahl eines Veranstaltungsortes, ist der Grundbedarf für die notwendige Infrastruktur ein wichtiges Kriterium.

Die TGA wird in den meisten Fällen in einem Facility Management System erfasst, verwaltet und gesteuert. Dazu gehören beispielsweise folgende technische Einrichtungen in einem Gebäude.

RLT-Anlagen (Raumlufttechnik)

mit Zu- und Abluftrichtungen (Ansaugen der Frischluft: befeuchten, wärmen, kühlen, filtern und geschlossene Räume damit klimatisieren, verbrauchte Luft absaugen und zur Außenluft abführen).

GWA-Anlagen (Gas-Wasser-Abwasser)

Toiletten- und Sanitäreinrichtungen, Gasanlagen (Heizungen), Befeuchtungssysteme für die Klimatisierung, Küchentechnik, Feuerschutzanlagen u. a.

ELT (Elektrotechnik)

Alle elektrotechnischen Einrichtungen wie Trafo-, Hoch- und Niederspannungsanlagen, Verteileranlagen, Festverkabelungen, Schaltschränke, Sicherungen, Stromschienen und Endverbraucher wie z. B. Allgemeinbeleuchtung, Notstromeinrichtungen wie Batterien und Dieselaggregate. Notausgangs-, Fluchtwegs- und Notbeleuchtung.

© Springer Fachmedien Wiesbaden GmbH 2018
H. Syhre und S. Luppold, *Event-Technik,* essentials,
https://doi.org/10.1007/978-3-658-19798-8_3

FMT (Fernmeldetechnik)

Telekommunikationsanlagen, Gebäudeschutz wie Blitzschutzanlagen und Türschließ-
zustandsüberwachungen, Wächterkontrollsysteme, Alarmanlagen, „ELA"-Notru-
falarmierungsanlagen für Durchsagen und Tonsignale (ELA = elektroakustisch), I
und K-Systeme (Informations- und Kommunikationstechnik) z. B. Besucherleit- und
Informationssysteme, Besuchereintrittskontroll- und registriersysteme (z. B. Drehkreuze).

BMZ (Brandmeldezentrale)

Rauch- und Brandmeldeanlagen, Alarmierungsanlage – Durchschaltung zur Feu-
erwache.

Breitbandverkabelung/-netz (75 Ω)

Fernseh- bzw. Videokanaleinspeisung aus „Kabelnetz" und Satellitenanlagen,
Internetzugang, Videoüberwachungsanlagen.

LAN (Local Area Network)

Netzwerkverkabelungen, modern: Glasfasertechnik bzw. 2-, 4-Drahtverbindun-
gen, auch anwendungsneutrale Netzwerktopologien, d. h. alle modernen Kommu-
nikationsmittel können aufgeschaltet werden, sog. V-LAN (V = virtuell) für alle
PC Netzwerke, digitale Telefonnetzwerke (Telefon und Fax), Informationstermi-
nals, GLT etc.

W-LAN (Wireless LAN)

Drahtlose Möglichkeit zur Verbindung mit (lokalen, nutzungsabhängigen) Netz-
werken oder dem Internet (siehe Abb. 3.1).

Mobile Ausstattungen und Möbel

Garderobeneinrichtungen, Mehrzweckbestuhlung, sonstige Stühle, Empfangs-
und Registriercounter, Tische verschiedener Größen und Arten, Banketttische,
Büromöblierungen.

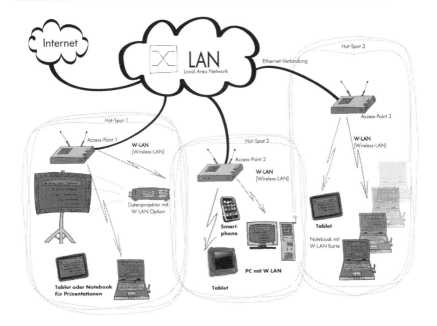

Abb. 3.1 W-LAN Nutzungsbeispiele. (Quelle: Eigene Darstellung)

Brandschutztechnische Einrichtungen

Sprinkler-, Sprühflutlösch-, Regenanlagen, Brandschutztore, Automatiktüren, Rauchabschnittstrennungen, z. B. „Eiserner Vorhang", etc.

RWA (Rauch-Wärme-Abzüge)

Bestandteile der brandschutztechnischen Einrichtungen, wie Rauchklappen….

ELA (elektroakustische Alarmierungsanlagen)

Lautsprecheranlagen zur automatischen oder manuellen Durchsage und Alarmierung der Besucher

Gastronomie und Großküchentechnik

Alle Koch- und Warmhalteanlagen, Spüleinrichtungen, Kühlhäuser, Schankanlagen, mobile Transporteinrichtungen (Tellerstapler und -wärmer, Wagen aller Art, etc.).

GLT (Gebäudeleittechnik) bzw. ZLT (Zentrale Leittechnik)

Zentralrechner der die TGA steuert, Messdaten erfasst, auswertet, automatisch regelt, Fernsteuerung und -wartung. Es lassen sich so zum Beispiel Temperatur, Luftströmungsstärke, Raumfeuchte und so die Qualität des Raumklimas steuern. Neben der Programmierung von automatischen Ein- und Ausschaltzeiten von vielen haustechnischen Anlagen der TGA, ist so die manuelle Steuerung von einem zentralen Ort, einem zentralen Steuerrechner möglich. Die Kopplung mit der Brandmeldezentrale (BMZ) ist zwingend erforderlich, da z. B. die automatische Abschaltung unterschiedlicher Anlagen im Brandfall notwendig wird (siehe Abb. 3.2).

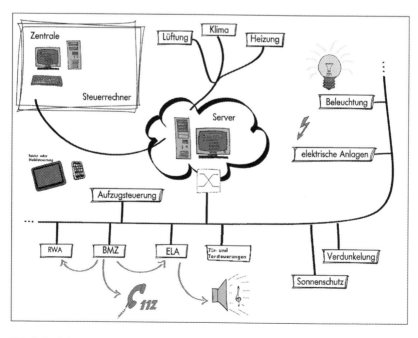

Abb. 3.2 Gebäudeleittechnik. (Quelle: Eigene Darstellung)

Messetechnik 4

Messe- und Ausstellungsstände benötigen neben dem vorgenannten üblichen veranstaltungstechnischen Equipment spezielle Einrichtungen und „Schnellbausysteme", die geeignet sind, Räume und Installationen innerhalb kürzester Zeit auf- und abzubauen.

Hersteller von Messebausystemen haben auf diesem Gebiet eine Art Baukastensystematik entwickelt, die sich in der Praxis an die unterschiedlichsten Gegebenheiten anpassen lässt. Normteile bestimmter Größen ermöglichen so in einem Raster den Aufbau von Trennwänden, Abdeckelementen, Möbeln, Vitrinen etc. in schneller Bauweise.

Der Trend zu individueller Bauweise und speziell kreierten Messeständen ist jedoch erkennbar und für Messebauunternehmen ein wichtiges Segment ihres Leistungsportfolios.

Voraussetzung bleibt jedoch, dass am Aufbauort (Messehalle) ein ausreichender technischer Messeservice besteht, welcher die technische Infrastruktur (Elektro- und Wasseranschlüsse, Telekommunikation und Internet) gewährleistet. Dies geschieht bei den meisten Messegesellschaften über standardisierte Formulare wie Bestellscheine, Servicehefte o. ä. Die Dienstleistungen werden bei fast allen Gesellschaften durch Vertragspartner der Unternehmen erbracht. Es gibt optionale und fakultative Leistungen, aus denen man seine Bedürfnisse individuell bestimmen kann.

Die Logistik für Auf – und Abbauten, Speditionsleistungen, Parken, Ausweise etc. sollten ebenfalls durch die Veranstalter organisiert werden.

© Springer Fachmedien Wiesbaden GmbH 2018
H. Syhre und S. Luppold, *Event-Technik,* essentials,
https://doi.org/10.1007/978-3-658-19798-8_4

Fliegende Bauten

Fliegende Bauten sind bauliche Anlagen, die geeignet und bestimmt sind, wiederholt aufgestellt und abgebaut zu werden. Sie sind nicht für einen dauerhaften Betrieb vorgesehen, da die Anschlüsse nicht fest installiert werden (flexible Kabel, Wasserschläuche, etc.).

Für die Fliegenden Bauten gelten besondere Vorschriften, diese sind in den jeweiligen Landesbauordnungen (LBO), der Versammlungsstättenverordnung (VstättV) in den Versionen der Länder (o. V. 2017) sowie in Technischen Regeln und Normen geregelt.

Beispiele: Bierzelte, Fahrgeschäfte, Tribünen.

Bevor Fliegende Bauten das erste Mal aufgestellt werden, ist eine Ausführungsgenehmigung erforderlich (u. a. nicht bei Zelten unter 75 qm Größe).

Beleuchtungstechnik

6

Grundsätzlich kann man die elektrotechnischen Einrichtungen eines Gebäudes und die darin fest installierten beleuchtungstechnischen Anlagen von den zusätzlich installierten Showbeleuchtungsanlagen unterscheiden (siehe Abb. 6.1).

Die mobil zu installierenden Anlagen haben je nach Größenordnung einen meist erheblichen Bedarf an elektrischen Anschlüssen. Geregelt werden die Anschlusswerte der Scheinwerfer über elektronische Dimmer-Anlagen. Multicore- Verbindungen bündeln die Verkabelungen zu den Endverbrauchern (Scheinwerfern).

Die Ansteuerung ist sehr komplex und über Netzwerke realisiert (DMX oder CAT Verkabelung). Über diese lassen sich mühelos mehrere tausend Stromkreise in unterschiedlichen Abhängigkeiten programmieren. Dies ermöglicht beispielsweise auch die Ansteuerung von Nebelmaschinen. Die Programmierungen von Beleuchtungsabläufen und -folgen, bestimmten Lichtintensitäten und -stimmungen werden über moderne digitalen Lichtstellanlagen bzw. PC-Steuerungen mit sog. Fader-Funktionen ermöglicht.

Unterschiedliche Scheinwerfer und Scheinwerfersysteme sind in ihrem Aufbau durch die Art der Lichtprojektion und der damit verbundenen Optik unterscheidbar. Als konventionelle Beleuchtung bezeichnet man die fest einzurichtenden Scheinwerfer, durch die mit seitlicher Begrenzung ein gerichtetes Licht mit oder ohne Farbfilter (hitzebeständige Folien oder Farbglas) austritt. Mit diesen Scheinwerfern kann man einen Bereich, z. B. Bühnen oder Dekorationen, flächig ausleuchten.

Das bewegte Licht ist ein wichtiger Bestandteil der modernen Showbeleuchtung. Die unterschiedlichen Systeme durchliefen eine rasante Entwicklung; generell kann man die „kopfbewegten Scheinwerfer" von den „Scannern" (spiegelbewegt) unterscheiden. Diese komplexen Scheinwerfer ermöglichen schmalste

© Springer Fachmedien Wiesbaden GmbH 2018
H. Syhre und S. Luppold, *Event-Technik,* essentials,
https://doi.org/10.1007/978-3-658-19798-8_6

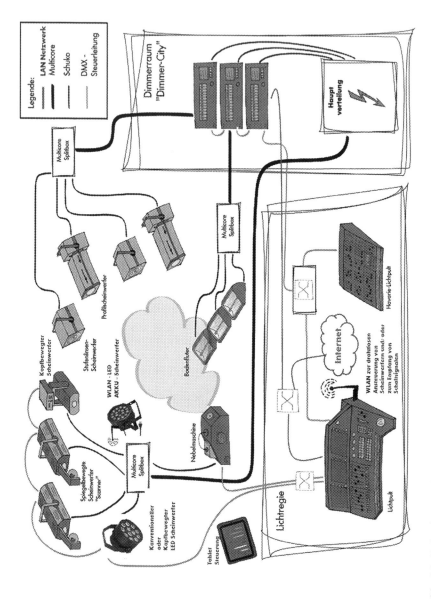

Abb. 6.1 Beleuchtungsanlage. (Quelle: Eigene Darstellung)

Bündelungen des Lichtstrahles. Durch additive Farbmischung können nahezu alle Farbkombinationen dargestellt werden; darüber hinaus können speziell angefertigt und eingesetzte „Gobos" (graphical optical blackout, Maske) beliebige, farbige Bilder auf Flächen projizieren.

Die LED-Technik (light-emitting diode: lichtemittierende Diode) löst sukzessive die herkömmliche Halogen-Technik ab. Wesentlich geringerer Energiebedarf und eine höhere Lichtausbeute sowie vielfältige Farbmischungsmöglichkeiten sprechen dafür.

Effekttechnik 7

Pyrotechnik

Die Effekte der Pyrotechnik haben sich immer mehr im Bereich der Events und Veranstaltungen immer mehr etabliert. Feuerregen, Theaterblitz, Knall und Donner, Feuerball und Funkenblitze, Bühnen- und Eisfontänen in verschiedenen Farben, „Sterntaler", „Honeymoon", „Blättertanz", Pyro-Schnur, Konfetti- und Flitterbomben, Raketen oder auch nur farbige Flammen, Rauch und Dämpfe haben die Hersteller in ihren Labors, heute relativ leicht zu bedienen, entwickelt. Zentrale Zündpulte und deren elektronisch gesteuerten Abläufe lassen sich mühelos zu eindrucksvollen Shows bzw. ganzen Feuerwerken programmieren.

Grundsätzlich gilt in Versammlungsstätten gemäß § 35 (2) VstättV:

> In Versammlungsräumen, auf Bühnen- und Szenenflächen und in Sportstadien ist das Verwenden von offenem Feuer, brennbaren Flüssigkeiten und Gasen sowie explosionsgefährlichen Stoffen verboten.
>
> Das Verwendungsverbot gilt nicht, soweit das Verwenden von offenem Feuer, brennbaren Flüssigkeiten und Gasen sowie pyrotechnischen Gegenständen in der Art der Veranstaltung begründet ist und der Veranstalter die erforderlichen Brandschutzmaßnahmen im Einzelfall mit der Feuerwehr abgestimmt hat. Die Verwendung pyrotechnischer Gegenstände muss durch eine nach Sprengstoffrecht geeignete Person überwacht werden.

In dieser Regelung trifft der Gesetzgeber Vorsorge, dass durch die besondere Gefahr, die vom Umgang mit Pyrotechnik ausgeht, ausreichend für Sicherheit gesorgt ist. Umgang heißt im Einzelnen das Be- und Verarbeiten, das Verwenden und Vernichten von pyrotechnischen Gegenständen.

© Springer Fachmedien Wiesbaden GmbH 2018
H. Syhre und S. Luppold, *Event-Technik,* essentials,
https://doi.org/10.1007/978-3-658-19798-8_7

Im Sprengstoffgesetz ist neben der Klassifizierung auch der Umgang und die Regelungen für die ordnungsgemäße Lagerung von Pyrotechnik sowie die Befähigungen der verantwortlichen Personen geregelt.
Die Klassifizierung der Pyrotechnischen Gegenstände nach SprengG:

Für Vergnügungszwecke		Für technische Zwecke	
Klasse I	Feuerwerkspielwaren und Scherzartikel (Kleinstfeuerwerk)	Klasse PT1	Bühnenfeuerwerk, Rauchsignale, Fackeln etc.
Klasse II	Kleinfeuerwerk und Silvesterfeuerwerk	Klasse PT2	Gefährliches Bühnenfeuerwerk, Handsignale etc.
Klasse III	Mittelfeuerwerk		
Klasse IV	Großfeuerwerk und pyrotechnische Gegenstände ohne Zulassung		

Alle eingesetzten Erzeugnisse, außer Klasse IV, müssen von der Bundesanstalt für Materialforschung (BAM) mit einer „BAM"-Nummer gekennzeichnet sein; dies ist die jeweilige Zulassung. Für den Umgang mit den Klassen I, II und PT1 ist kein Befähigungsschein notwendig, aber nach § 7 SprengG und § 35 VstättV eine Genehmigung erforderlich (Pyrotechnik ist Feuer!). Die Anordnungen der Gewerbeaufsichtsämter fordern in den häufigsten Fällen auch die Anwesenheit eines Theaterfeuerwerkers mit Befähigungsschein beim Umgang mit PT1-Gegenständen. Für den Umgang mit Gegenständen der Klasse PT2 ist grundsätzlich der Befähigungsschein als Theaterfeuerwerker notwendig. Der Umgang mit Gegenständen der Klassen III und IV ist nur mit einem Befähigungsschein als Großfeuerwerker zulässig.
Die Planung des Einsatzes von Pyrotechnik bei Veranstaltungen setzt voraus, dass Beantragungs- und Genehmigungsverfahren seitens der verantwortlichen Personen eingeleitet werden. Die Abstimmung mit und Anzeigeverpflichtung gegenüber den örtlichen Behörden (Feuerwehr, Bauordnungsämter, Gewerbeaufsichtsamt) sollte rechtzeitig, jedoch mindestens zwei Wochen im Voraus erfolgen. Alle Effekte müssen vor dem Einsatz den Behörden bei einer Abnahme vorgeführt werden, dies ist beim Einkauf einer solchen Leistung zu berücksichtigen. Die ordnungsdienstlichen und brandschutztechnischen Maßnahmen bzw. Auflagen sind in jedem Fall umzusetzen; in den häufigsten Fällen sind diese mit erhöhtem Personaleinsatz (Sicherheitsposten usw.) und zusätzlichen Feuerlöscheinrichtungen verbunden.

Laser

„light amplification by stimulated emission of radiation"

Bei Showveranstaltungen werden mit Hilfe von Laserstrahlen bunte Lichteffekte zur Untermalung der akustischen Darbietung erzeugt. Meist werden für solche „Light- Shows" Laser mit hoher Leistung eingesetzt.

Lasergeräte erzeugen eine äußerst intensive Strahlung, die durch optische Systeme zu hoher Energiedichte gebündelt wird. Die Abnahme der Energiedichte ist auch in größerer Entfernung nur gering. Trifft Laserstrahlung auf den menschlichen Körper, kann die dabei entstehende Wärme Schädigungen erzeugen. Besonders gefährdet sind die Augen. Bei axialem Eintritt in das Auge werden die Strahlen durch die Linse punktförmig auf der Netzhaut abgebildet. Dies kann wegen der hohen Energiedichte zur Schädigung oder Zerstörung der Netzhaut führen. Bei Einwirkung auf brennbare Einrichtungsteile oder Dekorationen ist außerdem eine erhöhte Brandgefahr gegeben.

Laserarten

Halbleiterlaser (Laserpointer)

Roter Laser:	Laser wird mittels einer Diode erzeugt
HeNe (Gaslaser):	Helium-Neon
Argon (Gaslaser):	Grüner Laser
Krypton (Gaslaser):	Roter Laser
Weißlicht-Laser:	eine Mischung aus Argon und Krypton
Nd: YAG (Festkörperlaser):	Neodym, Yttrium-Aluminium- Granat (Grüner Laser – im Gegensatz zu anderen Lasern hat er einen hohen Wirkungsgrad, weshalb er selbst bei hohen Ausgangsleistungen meist nur luftgekühlt wird)

Für Showveranstaltungen dürfen nur Lasergeräte verwendet werden, die sichtbares Licht (Wellenlänge des Lichts 400 bis 700 nm) aussenden; die Ausgangsleistung ist auf das für den Verwendungszweck unbedingt erforderliche Maß zu beschränken.

Lasergeräte müssen einer Klasse (1 bis 4) nach DIN EN 60 825-1 zugeordnet und entsprechend gekennzeichnet sein. Die Klassenzuordnung erfolgt durch den Hersteller.

Laserklassen sind
Klasse 1:
Ungefährlich für das menschliche Auge. Maximale Ausgangsleistung: 0,39 bis 69 µW je nach Wellenlänge der Strahlung.

Klasse 2:
Ungefährlich für das menschliche Auge bei kurzzeitiger Bestrahlungsdauer bis max. 0,25 s. Diese Bestrahlungszeit wird durch den Lidschlussreflex unterschritten. Maximale Ausgangsleistung 1 mW.

Klasse 3A:
Ungefährlich für das menschliche Auge bei Bestrahlungszeiten bis 0,25 s, gefährlich für das menschliche Auge bei Verwendung von optischen Instrumenten, die den Strahl bündeln. Maximale Ausgangsleistung 5 mW, Lichtleistungsdichte bis 25 W/m^2.

Klasse 3B:
Gefährlich für das menschliche Auge, in besonderen Fällen für die Haut. Maximale Ausgangsleistung 0,5 W.

Klasse 4:
Sehr gefährlich für das menschliche Auge und gefährlich für die Haut; Brandgefahr! Ausgangsleistung: über 0,5 W.
Werden Laser mit höherer Leistung verwendet (Klasse 3A–4), muss der Strahl

- durch optische Einrichtungen so aufgeweitet sein, dass er in allen Bereichen, in denen sich Personen aufhalten, auf eine ungefährliche Leistungsdichte herabgesetzt wird, oder
- so geführt werden, dass er an jeder Stelle mindestens 2,5 m über dem Fußboden verläuft.

Können diese Forderungen an einzelnen Stellen nicht eingehalten werden, sind folgende Schutzmaßnahmen durchzuführen:
Der Laserstrahl ist durch feste Einrichtungen, z. B. Rohre aus durchsichtigem Material, so zu führen, dass Personen nicht in den Strahlenbereich gelangen können.
Auch gewollt oder ungewollt reflektierte Strahlen an spiegelnden Oberflächen (Spiegel, metallische Oberflächen, Gläser, Flaschen usw.) dürfen nicht auf den Aufenthaltsbereich von Personen gerichtet sein.

Im Lichteffekt-Betrieb dürfen sich keine Personen im Projektionsbereich (Laserbereich) aufhalten können. Dies gilt auch für Bereiche, in die der Strahl durch Reflexionseinrichtungen (Spiegel, Spiegelkugel, etc.) abgelenkt wird.

Ein unbeabsichtigtes Auswandern des Laserstrahls aus seinem vorgesehenen Raumwinkel ist durch zusätzliche Einrichtungen (Sicherheitsblenden, Strahlfänger usw.) zu verhindern.

Die Lasereinrichtungen sowie dazugehörende Schalteinrichtungen dürfen nur Befugten zugänglich sein. Der Bediener der Lasereinrichtung muss den gesamten Bereich der Lasereffekte im Raum einsehen können.

Der Veranstalter hat den Betrieb einer Lasereinrichtung der Klasse 3B oder 4 dem Gewerbeaufsichtsamt und der Berufsgenossenschaft anzuzeigen. Die Anzeige ist den genannten Stellen mindestens 3 Tage vor der Inbetriebnahme zu erstatten. Dabei ist zu berücksichtigen, dass diese Stellen eine Prüfung durch einen Sachverständigen vor Inbetriebnahme verlangen können. Die Anzeige soll folgende Angaben enthalten: Hersteller der Lasereinrichtung, Laserklasse, Strahlungsleistung bzw. -energie, Wellenlänge. Es ist zweckmäßig, bereits beim Anzeigen eine Unbedenklichkeitsbescheinigung eines Sachverständigen beizufügen.

Der Veranstalter hat sachkundige Personen als Laserschutzbeauftragte schriftlich zu bestellen. Die Laserschutzbeauftragten haben für den sicheren Betrieb und die Einhaltung der Schutzmaßnahmen zu sorgen. Für jede Veranstaltung ist mindestens ein Beauftragter als persönlich Verantwortlicher zu benennen. Dieser muss während der gesamten Dauer der Veranstaltung den Betrieb des Lasergerätes beaufsichtigen.

Sonstige Effekte

Effekte gleich welcher Art sollen Besucher auf eine besondere Art und Weise beeindrucken und die Wahrnehmung der Sinne: Sehen, Hören, Fühlen und Riechen beeinflussen.

Durch einen bestimmten Duft kann das Publikum entsprechend stimuliert werden, durch feucht-warm eingeblasene Luft in einen Raum mit künstlichen Palmen und passender Beleuchtung kann beispielsweise eine tropische Atmosphäre erzeugt werden.

Alle Effekte und Illuminationen haben die Absicht, Stimmungen zu erzeugen.

In der Aufzählung der Effekterzeuger in der Veranstaltungstechnik spielen die **Nebelmaschinen** und „Hazer" (**Dunsterzeuger**) eine wichtige Rolle.

Moderne Nebelmaschinen werden mit entsprechenden chemischen Nebelfluiden und über „DMX Fernsteuerungen" (siehe Kapitel „Beleuchtung") betrieben, das klassische **Trockeneis** ist in der Verarbeitung jedoch nicht ungefährlich. Beim Zerkleinern der meist in großen Stücken gelieferten Blöcke müssen in jedem Fall Schutzmaßnahmen getroffen werden (Handschuhe, Brille usw.), da solch ein Block ca. −70 °C kalt ist. Dieser „Bodennebel" kann auch zu Erstickungsgefahr führen, deshalb darf sich kein Lebewesen (Achtung Tiere!) am Boden befinden. Vorsicht mit **Stickstoffnebel**, dieser ist mit ca. −170 °C noch kälter und auch gefährlicher. Der direkt am Boden laufende Nebel wird durch Rohre zur Bühne geleitet, Die Rohre vereisen stark. Die Feuchtigkeit am Boden kann, je nach Bodenbelag, zur Rutschgefahr führen. Der am Boden kriechende Nebel bleibt immer sehr mystisch und ist äußerst eindrucksvoll. Durch Bodenschlitze oder zu starkes Einblasen oder Absaugen von Lüftungsanlagen können solche Verneblungen beeinflusst werden, der vorgesehene Effekt kommt eventuell nicht zur vollen Wirkung.

Die traditionelle **Seifenblasenmaschine** ist ebenso wie **Schnee, Regen, Wind, Gewitter oder Wasserspiele** mit Vorsicht einzusetzen. Die entstehende Feuchtigkeit bei diesen Effekten ist für Parkett- oder Holzböden nicht unproblematisch. Zu erwähnen sind ferner Effekte wie **Feuersimulatoren, Blitz-Stroboskope, Sternenhimmel, Donnerbleche, pneumatische oder magnetische Klemmen** mit Fernauslösung für „KABUKI" Vorhänge (herabfallende Tücher) bei Enthüllungen. Hersteller und findige Requisiteure dieser technischen Effekte reagieren immer wieder neu auf die Anforderungen und den Bedarf von Regisseuren, Bühnenbildnern und Eventprofis.

Der Einsatz von Wasserspielen und **Wasserleinwänden** für Projektionen in Verbindung mit Feuer- und Pyrotechnik in geschlossenen Räumen wird in Shows sehr eindrucksvoll inszeniert.

Hightech im Bereich der Vortragsveranstaltungen lässt heute mit aufwendigen Projektionsverfahren die dreidimensionale Darstellung von Objekten mitten in einem Raum zu. So gehören Begriffe wie **Teleportation und 3D-Projektionen** voraussichtlich in Kürze zur normalen Ausstattung von Events.

Bühnentechnik

Bühnenober- und -untermaschinerie

Zu diesen Einrichtungen zählt man die technische Ausstattung eines Hauses, welche fest eingebaut ist. Diese Technik hat den Vorteil, dass sie meist „auf Knopfdruck" betriebsbereit ist und zügige Auf- und Abbauzeiten ermöglicht. Die Einrichtungen findet man überwiegend in Theatern, Stadthallen, Kulturhäusern und Kongresszentren.

In der Theatergeschichte entstanden, bedingt durch die Wünsche nach Verwandlungen in szenischen Abläufen, immer komplexere Festeinbauten in der Theatertechnik.

Gewaltige Stahlkonstruktionen werden von Spezialfirmen, die überwiegend im Brücken- und Stahlbau von Industriebauten tätig sind, in Bühnenhäuser eingebracht. Es gibt jedoch für die Bühnenkonstruktionen die besondere Bedingung nach (fast) geräuschloser Bewegung im Betrieb. Das stellt besondere Anforderungen an diese Technik.

Komplizierte elektronische Steuerungen ermöglichen zeit- und punktgenaue Programmierungen der bewegten Technik, z. B. durch Lasermesseinrichtungen. Diese Systeme werden mit unterschiedlichen Antriebsvarianten eingesetzt. Hier finden sich beispielsweise Zahnstangen-, Spindel-, Triebstock-, pneumatische oder hydraulische Antriebe.

Die Theater arbeiten jedoch auch nach wie vor mit „handbetriebener" Technik, wie z. B. Handkonterzügen mit Gegengewichten und von Hand bewegte Bühnenwagen.

© Springer Fachmedien Wiesbaden GmbH 2018
H. Syhre und S. Luppold, *Event-Technik,* essentials,
https://doi.org/10.1007/978-3-658-19798-8_8

Viele fleißige Hände der Bühnentechniker sind bei den Inszenierungen im Einsatz; die Organisation und Koordination der Abläufe bedarf so einer exakten Planung. Klassische Einrichtungen der Bühnentechnik sind beispielsweise:

Obermaschinerie (Oberbühne)

wie Laststangen-Maschinenzuganlagen (Panoramazüge, Rundstangenzüge, Rundhorizonte), Handkonterzüge, Punkt- und Kettenzüge, Portalbrücken und -türme, (Haupt-)Vorhangzugsysteme, Deckenklappen, fahrbare Brücken/Portale, Orchestermuscheln, Trennwandanlagen, Leuchtenhänger, fahrbare Beleuchterbrücken, Schnürboden, Arbeitsgalerien, Flugwerke.

Untermaschinerie

wie Orchestergraben, Drehscheiben, Versenkeinrichtungen, Personenversenkungen, Bühnenhub- und Teleskoppodien, Scherenpodien, Bühnenwagen, Transporteinrichtungen/Aufzugsplattformen.

Neben den Einrichtungen für die Dekorationen und Effekte sind die brandschutztechnischen Einrichtungen auf Bühnen und in Bühnenhäusern (siehe Abb. 8.1) ein fester Bestandteil der Anlagen.

Brandschutztechnik auf Bühnen und in Sälen sind z. B

„Eiserner Vorhang"	Brandabschnittstrennung zwischen Bühnenhaus und Publikumsbereich
Deckenklappen	Rauchabzüge
Regenanlagen	
Sprühflutlöschanlagen	
Sprinkleranlagen	Automatische Löschanlagen
Rauch- und Wärmemelder	Alarmierungssysteme zur automatischen Auslösung eines Feueralarmes
Hydranten und Feuerlöscher	Zur manuellen Brandbekämpfung
Druckknopfmelder	Direkte Durchschaltung zur nächsten Feuerwache

Abb. 8.1 Bühnenhaus mit Seiten- und Hinterbühne, Ober- und Untermaschinerie der Oper Podlaska. (Quelle: Waagner Biro)

Rigging

„Rigging" – der Begriff wurde in die Veranstaltungstechnik übertragen und bezeichnet bei Segelschiffen die Mastkonstruktionen.

Das Rigging wird im Sprachgebrauch als Trussing (Truss = Fachwerk) bezeichnet und ist die Möglichkeit, durch verschiedene Traversenkonstruktionen die Dekorationen, das Showlicht, die Beschallungssysteme oder andere benötigte Hängepunkte (z. B. Artistik und Effekte) in einem von den örtlichen Gegebenheiten unabhängigen System aufzuhängen. Die Konstruktionen sind sowohl als aufgehangene Varianten („geflogen") als auch über Trägerelemente aufgestellt („Ground Support") realisiert. Traversensysteme werden in jeweils einheitlicher Bauweise in unterschiedlichen Größen/Längen und Belastbarkeiten angeboten. Nur wenige Systeme der Hersteller sind untereinander kompatibel.

Man unterscheidet so genannte Zwei-, Drei- und Vierpunkt-Traversen, ein- oder auch mehrgurtige Gitterträgerelemente genannt. Diese Einzelelemente werden unter zu Hilfenahme von Eckteilen und Verbindungselementen zu ganzen

Systemen zusammengesetzt bzw. montiert (Baukastenprinzip), dann aufgehangen, gestellt oder auch beweglich eingesetzt. Die Techniken zum so genannten „Anschlagen" der Systeme an bestehende Konstruktionen sind Schnellbauweisen mit Kettenzugmotoren und textilen Rundschlingen und/oder Stahldrahtseilen. Es gelten hier besondere Sicherheitsbestimmungen und Belastungswerte, die um ein Vielfaches unter den Normalbelastungen z. B. der Bauwirtschaft liegen.

Der Vorteil der Traversen liegt eindeutig im Eigengewicht durch Aluminium.

Für den Einsatz und Umgang mit Traversensystemen in Versammlungsstätten gelten gesetzliche Bestimmungen.

Da Traversensysteme zum großen Teil als Aluminiumkonstruktionen ausgeführt sind und als mobile Systeme über vielen Menschen schwebend eingesetzt werden, kommt Gesetzen, Unfallverhütungsvorschriften, einschlägigen technischen Regeln und Normen bei der Bemessung und der Verarbeitung eine besondere Bedeutung zu.

Die Belastbarkeiten eines Traversensystems wird durch den Entwurf, die verwendeten Werkstoffe und die Fertigung bestimmt. Bei der Berechnung der zulässigen Belastungen sind die einschlägigen Regeln der Technik auf alle Bereiche der Traverse (Gurtrohre, Streben, Wandstärken, Verbinder, Verbindungsmittel, Schweißnähte usw.) anzuwenden.

Anschlagmittel sind alle Materialien und Teile, die eingesetzt werden können, um Traversen mit den entsprechenden Lastaufnahmepunkten zu verbinden.

Anschlagmittel müssen der BGV C 1 § 9 „Tragmittel und Anschlagmittel" sowie VBG 9a § 5 „Kennzeichnung von Anschlagmitteln" entsprechen.

Häufig verwendete Anschlagmittel sind: Trägerklemmen, Schellen mit oder ohne Ringöse, Schäkel, Schnellverbindungsglieder mit Überwurfmutter nach DIN 56926, Rundschlingen, Hebebänder, Stahlseile, Stahlketten und Keilendklemmen.

Lastaufnahmepunkte sind, neben direkten Aufnahmepunkten in Dachkonstruktionen, die Hebezeuge zur Beförderung der Traversenkonstruktionen. Dies können manuelle oder motorische Kettenzüge sein.

Diese mobilen maschinentechnischen Einrichtungen ermöglichen durch die identischen Bauweisen auf besondere Art und Weise einen gleichlaufenden Hub an mehreren Punkten der Konstruktion. Die Aufhängung erfolgt in zwei Varianten an Lastschlaufen: entweder die Kettenenden (Hacken) werden in der Decke gehangen und die Motoren laufen im „Laufkatzenbetrieb" nach oben, oder die Motoren sind an festen Punkten an der Decke platziert und am Haken werden die Lastschlaufen der Traversen eingehangen. Alle Einhängungen sind zusätzlich mit Stahlseilen zu sichern!

Bei den Kettenzugmotoren unterscheidet man zwischen zwei unterschiedlichen Bauarten. Bei dem sogenannte BGV C1 oder auch BGV D8 Plus-Motor sind zwei voneinander unabhängig wirkende Motorbremsen eingebaut, das heißt eine zusätzliche Absicherung gegen den Sturz von Ketten beim Versagen einer Bremse. Diese Züge dürfen ohne zusätzliche Sicherung nach dem Heraufziehen der Last betrieben werden. Alle übrigen Kettenzüge sind mit nur einer Motorbremse ausgestattet und dürfen ausschließlich für das Heraufziehen der Last verwendet werden; Anschließend muss die Last in ein Anschlagmittel (Lastschlaufe oder Stahlseil) abgesenkt werden, sodass der Kettenzugmotor „außer Last" gebracht wird. Gleiches gilt für Handkettenzüge oder ähnliches (z. B. „Flaschenzüge"). Zusätzlich müssen diese Lasten zweifach, d. h. mit einem zusätzlichen Stahlseil gesichert werden.

Das Anschlagen (Aufhängen) der Traversen (Art und Weise der Krafteinleitung) ist maßgeblich für den Erhalt der Belastbarkeit und Stabilität der Konstruktion und darf nur von entsprechend qualifiziertem Fachpersonal durchgeführt werden.

Das Anschlagen der Traversen erfolgt in der Regel durch:

Diplomingenieure, Meister und Fachkräfte für Veranstaltungstechnik, Sachkundige für Veranstaltungs-Rigging, Veranstaltungs-Operator, Rigger und unterwiesene, qualifizierte Techniker der benutzenden Gewerke.

Die Montage von Traversen erfolgt in der Regel durch eingewiesenes Personal.

Die Montage der Systemelemente kann nach erfolgter Einweisung von dafür geeigneten Personen ausgeführt werden, muss aber nach Abschluss von einer qualifizierten Person überprüft werden (siehe Abb. 8.2 und 8.3).

Abb. 8.2 „Geflogenes" Traversensystem (Rigging). (Quelle: T Servis)

Abb. 8.3 Stehendes, selbsttragendes System (Ground Support). (Quelle: T Servis)

Flexible Bühnentechnik ist notwendig, um Individualaufbauten in und an allen Veranstaltungsorten zu ermöglichen.

Mit mobilen Podestanlagen und Praktikabeln (zerlegbare Podeste in genormten Größen und unterschiedlichen Höhen), Stufen und Treppen, Showtreppen, Tribünenanlagen, Tanzböden, Bühnenwagen, Bühnenanlagen auf Fahrzeugen, Gerüst- und Traversenkonstruktionen sowie jeglichen Schreiner- und Schlosserkonstruktionen werden die unterschiedlichsten, flexiblen, mobilen Bühnenaufbauten ermöglicht.

Aushänge wie z. B. Soffitten (von oben herabhängende Teile der Dekoration), Schals, Rundhorizonte werden mit den Vorhangsystemen oder direkt den Traversen verbunden. In kurzen Abständen befinden sich an den Stoffen Ösen, durch die kurze Leinenbänder zur Befestigung gebunden werden und so einen geeigneten Abschluss bilden oder als grafisch gestaltete Prospekte dienen.

Podeste und Podestanlagen (siehe Abb. 9.1) sind in der Regel transportfähig auf Transportwagen gelagert und werden unter zu Hilfenahme von Steckfüßen bzw. eines Scherenklappmechanismus beim Aufstellen untereinander verbunden, gesteckt oder verschraubt. Es gelten auch hier Vorschriften, die ab einer bestimmten Höhe Absturzmaßnahmen (Geländer) erfordern. Die Podeste und Praktikablen sind in der DIN 15920 genormt, sodass die Größen untereinander meist kompatibel sind.

Gerüstbau kommt – insbesondere aus wirtschaftlichen Überlegungen – nur bei großen Tribünenanlagen zum Einsatz, insbesondere dann, wenn ansonsten sehr viele Podeste notwendig wären.

Mobile Vorhangzugsysteme einschlägiger Hersteller werden als mobile Baukastensätze zum schnellen Auf- und Abbau angeboten, so lassen sich mühelos auf Tourneeproduktionen Theaterbedingungen wie in einem festen Haus schaffen.

© Springer Fachmedien Wiesbaden GmbH 2018
H. Syhre und S. Luppold, *Event-Technik,* essentials,
https://doi.org/10.1007/978-3-658-19798-8_9

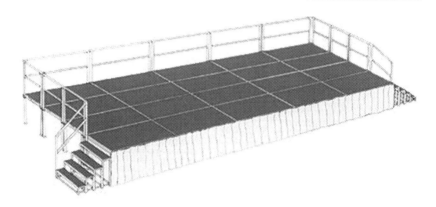

Abb. 9.1 Beispiel Podestbühnenbau. (Quelle: LTT Group Bocholt)

Aus Holz, Stahl, Dekorationsstoffen, Kunststoffen und diversen Requisiten/ Möbeln, die entsprechenden Bau- und Brandvorschriften unterliegen, setzen meist sehr erfahrene, kreative Bühnenprofis die Vorstellungen von Agenturen und Bühnenbildnern um.

10

In dieser Kategorie der Veranstaltungstechnik greifen die Techniker der Branche auf professionelle Zulieferer für die Verarbeitung von allen nur vorstellbaren Materialien zurück. Effekte und die Beleuchtung werden durch die Dekorationen, Kulissen, Sonderbauten und Requisiten entsprechend unterstützt. Die besonderen brandschutztechnischen Vorschriften bei der Verwendung von Ausstattung und Dekorationen lassen den Einsatz von brennbaren Materialen nur bedingt zu.

Nach der Einteilung der DIN 4102 werden Baustoffe nach ihrem Brandverhalten klassifiziert und so in folgende Klassen unterteilt:

Baustoffklasse A	Baustoffklasse B
A 1 = nicht brennbar	B 1 = schwer entflammbar
A 2 = (fast) nicht brennbar	B 2 = normal entflammbar
	B 3 = leicht entflammbar

Veranstaltungen, bei denen viele Menschen zusammenkommen, machen es erforderlich, den Bedingungen des Brandschutzes in besonderem Maße Beachtung zu schenken. Deshalb wird die Verwendung von Materialien beim Bau von Veranstaltungstechnik und Dekorationen genau geregelt. In welchen Bereichen welche Baustoffklassen verwendet werden dürfen, wo und wie diese gelagert werden dürfen, ist in der Versammlungsstättenverordnung (VstättV) festgelegt.

Textilien der Bühnen- und Eventausstattung werden in zwei Klassen unterteilt, die natürlichen und die synthetischen Materialien.

Zu den natürlichen Materialien gehören die Produkte pflanzlicher oder tierischer Herkunft. Pflanzliche Materialien wie Leinen, Jute oder Baumwolle (Nessel, Molton, Velours) sind brennbar und bedürfen einer besonderen Behandlung

© Springer Fachmedien Wiesbaden GmbH 2018
H. Syhre und S. Luppold, *Event-Technik, essentials,*
https://doi.org/10.1007/978-3-658-19798-8_10

(Imprägnierung) vor dem Einsatz auf Bühnen oder im Veranstaltungsbereich – umso der Baustoffklassifizierung zu entsprechen. Die Verfahren zum Imprägnieren sind sehr unterschiedlich und sollten von Fachleuten durchgeführt werden. Die imprägnierten Materialien benötigen zur Vorlage bei den Behörden ein besonderes Zertifikat. Nach einer solchen Behandlung ziehen die Stoffe in besonderem Maße Feuchtigkeit an und haben die Eigenschaft zu schrumpfen. Eine Imprägnierung hält in der Regel zehn Jahre, je nach Einsatzhäufigkeit und Lagerung. Materialien tierischer Herkunft sind meist nicht brennbar.

Die synthetischen Materialien im Veranstaltungsbereich werden überwiegend als nicht brennbare Materialien verwendet, so keine zusätzlichen Maßnahmen erforderlich. Stoffe wie Trevira CS®, Rovill® oder andere Textilien können jedoch durch überschüssige Farbpigmente bei der Färbung als staubexplosiv und feuergefährlich eingestuft werden. Auf den Dekorationsbau, die Beschaffung von Requisiten und die Ausstattung von großen Räumen und Studios haben sich Spezialfirmen mit einem großen Fundus an Material, Möbeln und Kostümen ausgerichtet. Ob die Gestaltung mit Kulissen und Bühnenbildern oder die Beschaffung von Showglas, die Vielfalt von der Tischdekoration bis zum Kronleuchter sind Details, die wichtige Akzente eines Events, einer Bühnenshow oder anderer Veranstaltungen geworden sind.

Die Auswahl einer **Bestuhlung** sollte unter dem Aspekt der Qualität und Bequemlichkeit erfolgen. Hier gilt es jedoch ebenfalls die einschlägigen brandschutztechnischen Anforderungen für die Beschaffenheit zu kennen.

Bei der Aufstellung der Bestuhlung gelten die gesetzlichen Festlegungen der Versammlungsstättenverordnung (Leber 2013). Wichtigste Kriterien sind die maximal zulässige Personenzahl in einem Raum oder auf einer Fläche, die Stuhlanzahl in einer Reihe bis zum nächsten Gang, die Stuhl- und Reihenverbindungen, die Abstände zwischen den Reihen und die notwendige Gang-, bzw. auch Fluchtwegsplanung. Mit der Aufplanung einer Bestuhlungsvariante sollte sich der Verantwortliche für Veranstaltungstechnik befassen, da dies Grundlage für das Genehmigungsverfahren im bauaufsichtlichen Sinn ist.

Zur Aufplanung einer Veranstaltung sind zweidimensionale Raumpläne notwendig. Das Zeichnen solcher Planunterlagen erfolgt heute in professioneller Software (CAD – Computer Aided Design). In den vergangenen Jahren hat sich diese Anwendungen von einer zwei- zu einer dreidimensionalen Software weiterentwickelt, welche Veranstaltungsräume in kompletter Ausstattung simulieren lässt. So ist es möglich, aus gezeichneten Räumen heraus Videoclips entstehen zu lassen, um bei der Auswahl von Ausstattung und Farbgebung (z. B. Dekoration, Beleuchtung) und Anordnung der Ausstattung (z. B. Bestuhlung, Bühne) Entscheidungen herbeizuführen.

Medientechnik 11

Audiotechnik

Studioproduktion (Aufzeichnungen) oder Beschallungsanlage für Räume?
Das Equipment der Audiotechnik richtet sich nach diesen beiden Kriterien.

Der Aufwand und die Qualität der eingesetzten Audiotechnik hängen in erster Linie von raumakustischen Bedingungen ab. Nachhallzeiten eines Raumes beispielsweise nehmen unmittelbar Einfluss auf die Hörqualität.

Die Schallausbreitung geht von Direktschall des Erzeugers (z. B. Sprache oder Instrumental D) aus und wird über die Reflexionen (1–4) (siehe Abb. 11.1) im Raum verteilt. Die Qualität und Verständlichkeit des Schalls ist von den Materialien und deren Oberflächengestaltung abhängig. Glatte (harte) Oberflächen wie Beton, Glas o. ä. reflektieren den Schall weitaus stärker als Holzverkleidungen, die gegebenenfalls noch in der Oberflächenstruktur unterbrochen sind.

Eine gute Raumakustik (siehe Abb. 11.1) wird für die Sprachverständlichkeit in Vortragsräumen mit einer Nachhallzeit zwischen 0,6 bis 1,0 s vom Zuhörer subjektiv als optimal empfunden. Für instrumentale musikalische Darbietungen sind die Kriterien vielfältiger, abhängig von Lautstärke, Besucherzahl und Raumvolumen. Viele Zuhörer und Musiker empfinden hier eine Nachhallzeit von 1,5 bis 3 s als angenehm. Studioverhältnisse für spezielle Aufnahmen erfordern eine sehr kurze Nachhallzeit mit Werten unter 0,5 s.

Der Ursprung von Schall ist immer eine Druck- oder auch Dichteschwankung, die periodisch wiederholend sein kann wie bei einer schwingenden Saite (Klang) oder die impulsartig ist wie z. B. ein zerplatzender Luftballon oder ein Paukenschlag (Geräusch). Der Zusammenhang zwischen Luftdruck und Dichte der Luft sorgt nun dafür, dass sich der Schall vom Ort des Entstehens aus mehr oder weniger kugelförmig ausbreitet. Dieser Druck, der Schalldruck, erreicht Grenzen, die

© Springer Fachmedien Wiesbaden GmbH 2018
H. Syhre und S. Luppold, *Event-Technik*, essentials,
https://doi.org/10.1007/978-3-658-19798-8_11

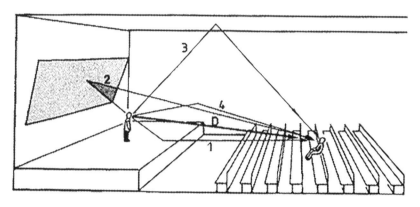

Abb. 11.1 Raumakustik. (Quelle: Eigene Darstellung)

das menschliche Gehör unterschiedlich wahrnimmt. In der nachstehenden Grafik (Abb. 11.2) wird der Bereich bis zum Erreichen der Schmerzgrenze aufgezeigt. Beschränken wir uns hier jedoch auf die Beschallungs- bzw. Wiedergabetechnik. Die elektroakustische Verstärkung von Schall ist im Prinzip recht einfach:

Die auf der Seite des Entstehens erzeugten kleineren (Luft-)Druckwellen werden in einem Messinstrument aufgezeichnet (Mikrofon) und zu größeren, regelbaren Druckwellen elektrisch verstärkt (Lautsprecher).

Das Aufbauprinzip beider Komponenten ist annähernd gleich. Tauscht man theoretisch beide miteinander aus, kann ich in einen Lautsprecher hinein singen und aus dem Mikrofon den Ton hören.

Mikrofone sind heute hoch komplizierte, elektronische Systeme, die jedoch alle nach dem gleichen Prinzip funktionieren. Mikrofon-Drahtlossysteme (Mikroports) werden insbesondere im Präsentations- und Showbereich verwendet.

Die Lautsprecheranlagen setzen sich aus den unterschiedlichen Wiedergabequalitäten von Frequenzen (Höhen und Tiefen) meist in komplexen Systemen zusammen und werden zur „Ausleuchtung" eines Raumes auch mehrfach ausgerichtet. Da der Schall nicht überall gleichzeitig im Raum ankommen kann und sich so Verzögerungen bzw. Vermischungen des Direktschalles mit dem Lautsprechersignal ergeben, bringen beispielsweise „Delaylines" (Verzögerungslautsprecher) in entfernten Bereichen zusätzliche Qualitätsverbesserungen der Beschallung. Monitorlautsprecher, den Darstellern, Musikern, Diskussionsteilnehmern bühnenseitig zugewandt, sollen die Beschallung in Bühnenrichtung unterstützen. Die Komponenten der Beschallungsanlagen (Abb. 11.3) entwickeln

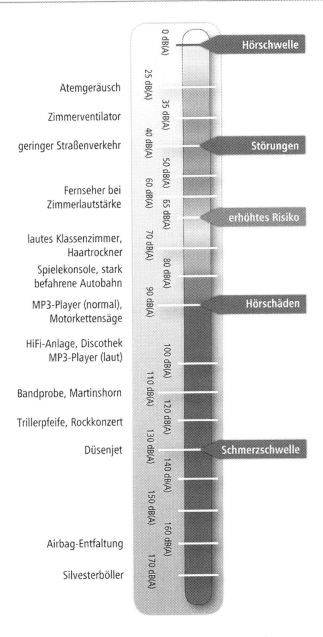

Abb. 11.2 Schalldruckpegel. (Quelle: Hörgeräte Gaertner Barmstedt)

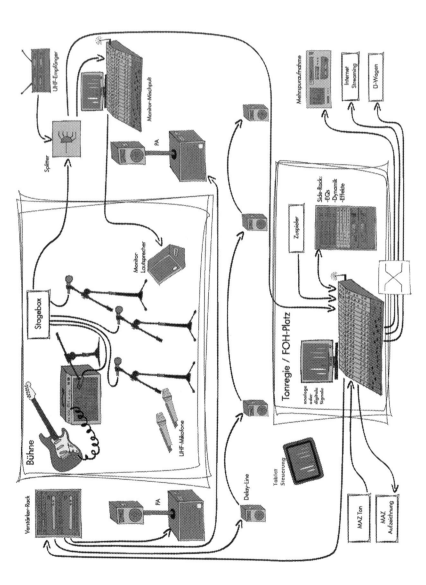

Abb. 11.3   Beschallungsanlage. (Quelle: Eigene Darstellung)

sich stetig weiter, Hersteller bieten speziell für den robusten Tourneebetrieb konzipierte, schnelle Baukastensysteme an. Die erweiterbaren Lautsprechersysteme sind sowohl zum Stellen als auch zur schnellen Befestigung an Kettenzügen und Traversen vorgesehen. Teilweise werden die schweren Boxen gleich mit Rollen geliefert und werden nur für die Transporte mit Abdeckungen geschützt.

Die unterschiedlichsten Medien und Formate werden heute digital bespielt und wiedergegeben. Aufnahmen werden auf digitalen Medien (Mehrspurverfahren) wie Festplatten mit geeigneter Software produziert und können so überall abrufbar verteilt oder gespeichert werden.

Die Signalvermischung und -verteilung wird über Mischpulte und Kreuzschienen realisiert. Die Digitalisierung in diesem Bereich geht sukzessive weiter, sodass diese Komponenten heute eher mit Computern vergleichbar sind. Eine Drahtlosübertragung zur Steuerung der digitalen Mischpulte lässt die Steuerung im Raum durch Tablet- oder sogar Smartphone-Apps zu.

„Live ist Live…" – die Wahrnehmung der realen Raumumgebung mit Originalklängen von Instrumenten oder der menschlichen Stimme ist in unserem Hörverhalten immer anspruchsvoller geworden. Das hat zur Folge, dass die Systeme zusätzlich mit Equalizern, Filtern und Effektgeräten (Frequenzanpassungen) die Originale unterstützen und verfeinern. Software für die Effektgerätsimulation wird in digitalen Mischpulten entsprechend eingesetzt.

Video- und Projektionstechnik

Fernsehen ist für uns zur Normalität geworden, so auch im Veranstaltungsbereich. Geschulte Augen, verwöhnt von vielen TV-Kanälen, können heute recht schnell die Qualität beurteilen. „Da hat man eben gesehen, was man nicht sehen sollte" – solche Erlebnisse gibt es zunehmend.

Die Fernseh- bzw. Videotechnik ist nun zur Visualisierung der Beiträge, also auch der Unterstützung gezeigter Bühnenshows auf Großbildwänden, der besseren Erkennung der Redner in den hinteren Reihen und der Dokumentation eines Events (Aufzeichnung) ein fast unverzichtbares Medium jeder Veranstaltung geworden.

Was gehört aber dazu, ein brillantes Bild zu produzieren, das Signal zu transportieren und entsprechend darzustellen?

Die wichtigsten Komponenten einer **Kameraregie** sind in der nachfolgenden Abbildung skizziert (Abb. 11.4). Die Anzahl eingesetzter Kameras bestimmt die Mengen an Vorschaumonitoren und die Größe der CCU (Verteiler). Eine Bildregie ist heute neben der klassischen Bildmischung auch eine meist mit mehreren

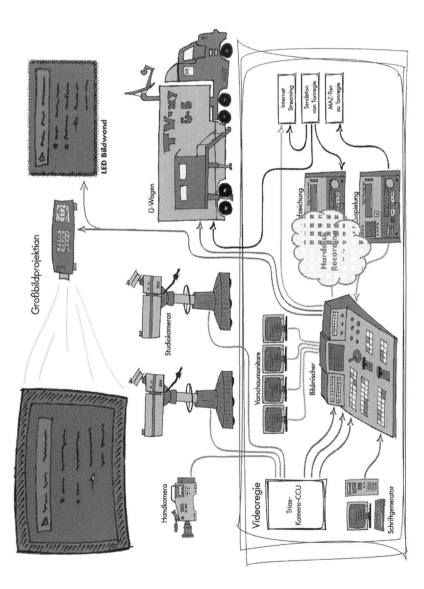

Abb. 11.4 Videoregie. (Quelle: Eigene Darstellung)

Computern verbundene Einheit, die die Überblendung mit Schrift (Schriftgenerator), animierte Logos, Charteinblendungen oder Digitaleffekte ermöglicht. Split-Screen-Technik (vgl. Bild im- bzw. neben Bild Darstellungen) sind durch den Einsatz von leistungsfähigen Rechnersystemen möglich.

Die **Signalübertragung** erfolgt durch hochwertige Kabelverbindungen (Kamera z. B. „Triax"), heute auch schon verstärkt durch Lichtwellenleiterübertragungen auf digitaler Basis oder Drahtlostechnik. Es sind meist weite, beschwerliche Kabelwege zu überwinden; um jedoch die Signalverluste so gering wie möglich zu halten, werden entweder Signalverstärker eingesetzt oder die Signale von analog in digital gewandelt.

Die Wiedergabe des jeweiligen Bildes erfolgt dann in unterschiedlichen Formen. Die rasante Entwicklung der Projektionstechnik in den vergangenen Jahren ermöglicht uns heute eine relativ kompakte und einfach aufzubauende Technik. Waren vor zwanzig Jahren für die einfache Video-Großbildprojektion noch tonnenschwere Geräte notwendig, ist es uns heute möglich, mit **Video-/Datenprojektoren (Beamern)** im Aktenkofferformat, Präsentationen von animierten Videos und Grafiken aus dem Computer darzustellen.

Die Lichtstärke der Projektoren wird in ANSI Lumen angegeben. ANSI Lumen bezeichnet ein Messverfahren des American National Standards Institute zur Normung eines Helligkeits-/Leuchtstärkewertes für Daten-/Videoprojektoren. Hochwertige Heimkino-Beamer mit HD (High Definition) liegen in der Stärke zwischen 2000 und 4000 ANSI Lumen. Neuentwickelte LED-Beamer durchschnittlich zwischen 500 und 1000 ANSI Lumen.

Im Veranstaltungsbereich werden in kleineren Tagungsräumen Projektoren nicht unter 2000 ANSI Lumen (mit Tageslicht) eingesetzt. Je nach örtlichen Einsatzbedingungen, zum Beispiel Showbeleuchtung oder Tageslichteinflüsse, sind Projektorenleistungen bis zu 40.000 ANSI Lumen möglich.

Lichtstarke Projektoren mit hohen Auflösungen werden häufig in „Tandem-", ja sogar „Trippeleinheiten" (Bild liegt exakt übereinander) eingesetzt, um etwa beim Ausfall eines Gerätes nahtlos ein „Backup" nutzen zu können. Die Helligkeit verdoppelt bzw. verdreifacht sich so ebenfalls.

Über Spiegeltechniken lassen sich mit Projektoren eindrucksvolle Bilder erzeugen, 3D-Projektionen mitten im Raum, Projektionen auf Spezialglas-Projektionsscheiben und andere Effekte – oder große Rückprojektionen. Professionelle Künstler gestalten heute große Räume beispielsweise ausschließlich mit Projektionstechnik.

Kompakte Rückprojektionsboxen sind fertige Projektionssysteme, die ebenfalls über eine Verspiegelung des durch einen Projektor erzeugten Bildes auf eine Scheibe mit entsprechender Bildkorrektur projizieren.

Durch spezielle Weitwinkelobjektive am Projektor ist die Darstellung auch mit kurzen Projektionsentfernungen möglich. Die Möglichkeit, Ausgangsbilder beliebig zu drehen und zu korrigieren, erlaubt so auch **Rückprojektionen** aus z. B. schrägen Positionen.

Grundsätzlich unterscheidet man zwischen einer Auf- und Rückprojektion (siehe Abb. 11.5).

Eine Rückprojektion hat den Vorteil, dass Schattenbildungen auf der Leinwand vermieden wird und Beleuchtungseinflüsse aus dem Veranstaltungsraum keinen Einfluss auf die Qualität der Darstellung nehmen. Hierzu sind jedoch spezielle lichtdurchlässige **Leinwände** oder Tüll notwendig. Eine Herstellerbezeichnung OPERA® der Fa. Gerriets hat sich in der Branche als Gattungsbegriff für Rückprojektionsfolien durchgesetzt. Diese Folien haben entweder einen Warmton oder bläulichen Kaltton in ihrer Grundfarbe. OPERAfolie ist eine Rückprojektionsfolie für den Theater-, Studio- und Event-Bereich. Ebenso für Softedge-Bild-Projektionen mit mehreren Projektoren geeignet.

Die Projektionsfolie OPERA milchig-matt ist eine gute Allroundfolie mit breitem Betrachtungswinkel und auch für die Gestaltung mit Scheinwerferprojektionen für Motive, Muster oder Strukturen sehr geeignet.

Auf- / Frontprojektion (Projektor steht vor der Leinwand)

Rückprojektion (Projektor steht hinter der Leinwand und projiziert das Bild spiegelverkehrt)

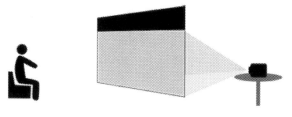

Abb. 11.5 Auf- und Rückprojektion. (Quelle: Beamershop24.de)

Die Leinwandqualität bei „Auf"- Projektionen (von vorn) wird durch ihren so genannten „Reflexionsgrad" bestimmt. Je höher dieser ist, umso heller erscheint das dargestellte Bild.

Die lichtstärkste Darstellung von Grafik und Bildern ist durch **LED-Wände** (LED = light-emitting diode – lichtemittierende Diode) möglich. Auch größere Flächen lassen sich aus Modulen in beliebigen Formaten zusammensetzen. Die immer kleiner gewordene Rasterung (Pixeldarstellung) und alle darstellbaren Farben, gepaart mit der Helligkeit der LEDs, sind eine geeignete Form, große Bilder auch unter Tageslichteinfluss darzustellen. Diese Technik besticht durch ihre Brillanz, hat jedoch auch ihren Preis.

Kongresstechnik

Ergänzend zur Projektionstechnik erwähnt werden müssen an dieser Stelle aus historischer Sicht die klassischen Overhead- und **Diaprojektoren.** Es gibt kaum Referenten, die diese Medien heute noch einsetzen. Historische Diaaufnahmen von Wissenschaftlern können heute hochauflösend digitalisiert und dann durch eine Datenbildwiedergabe visualisiert werden. Die Diaprojektoren sind Geschichte; das Handling von Dias und der logistische Aufwand bei Kongressen waren enorm und insbesondere personalintensiv. Einzurichtende Diaannahmen mit **Vorschaugeräten,** das Ein- und Aussortieren der Dias aus Magazinen, das Verbringen in die Projektionsräume und daneben der Verschleiß und das Durchbrennen des Filmes sind Vergangenheit.

Moderne **Präsentationsnetzwerke** (Abb. 11.6) können in kürzester Zeit die Verteilung von digitalen Präsentationsdateien, Grafiken, Fotos und Videos von einem zentralen Server aus in den jeweiligen Veranstaltungsraum senden. Ein zentraler Server steht dem Referenten schon weit vor Vortragsbeginn online zur Verfügung; er kann die Daten selbstgesteuert hochladen, löschen und bearbeiten.

Anders die **Overheadprojektoren,** welche eher im Zusammenhang mit Moderationstechnik gesehen werden müssen. Die kurzfristige Anforderung zur Visualisierung, etwa bei Brainstormings und Workshops, macht es erforderlich, in einfacher Weise auf unterschiedlichen Medien etwas darzustellen. So eignen sich beschreibbare Folien für die Overheadprojektoren genauso wie ein **Flipchart, eine Pin- oder Trainerwand, Schultafel, Whiteboard** oder ein **Copyboard.** Trainer und Moderatoren benötigen einfachstes Handwerkszeug, um spontan reagieren zu können – anders als Referenten und Dozenten in Vortragsveranstaltungen, die sich in der Regel intensiv auf ihre Vorträge vorbereiten und diese gezielt visuell unterstützen.

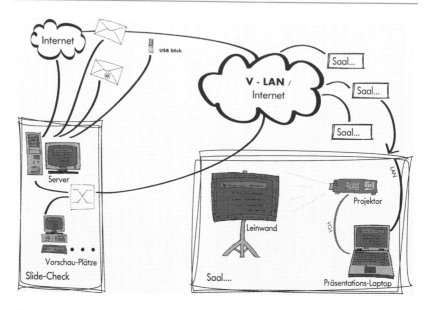

Abb. 11.6 Präsentationsnetzwerk. (Quelle: Eigene Darstellung)

Was der Souffleur („Text-Vorsager") im Theater, wird in der professionellen Konferenzindustrie mit **Teleprompter**-Anlagen verwirklicht. Bei Film und Fernsehen befinden sich verspiegelt projizierte Texttafeln direkt am Objektiv, auf einer Bühne ist es ein Monitor am Boden und eine Glasscheibe in Augenhöhe, auf der die Texte, nur für den Redner sichtbar gescrollt werden.

Videokonferenzen und Liveeinspielungen werden in Veranstaltungen mit unterschiedlichen Techniken realisiert, von der übertragenen Internetkonferenz bis zu projizierten Großbildern über Glasfaseranbindungen in Hochgeschwindigkeitsnetzen oder der Satelliten-Schaltung zur Einspielung von z. B. Grüßen oder Statements.

Teleportation ist eine Technik, Redner, die nicht im Raum sind, in realistischer Größe auf Bühnen über eine Spezialprojektionstechnik erscheinen zu lassen. Hierfür sind schnelle Online-Datenverbindungen die Voraussetzung.

Die Möglichkeit zur Herbeiführung einer Entscheidung, zur Meinungsbefragung der Teilnehmer oder bei Wahlen, die in Veranstaltungen etwa von Verbänden oder Gesellschafterversammlungen die Regel sind, können heute über drahtlose **interaktive Abstimmungsanlagen** realisiert werden. Dazu erhält jeder zu befragende Teilnehmer eine Art Fernbedienung, zur Abstimmung können Fragen und

Ergebnisse als Charts projiziert werden. Eine andere Möglichkeit ist die **interaktive Teilnahme** der Besucher am Veranstaltungsgeschehen. Voraussetzung ist es, dass die Gäste mit Smartphone oder Tablet und einer entsprechenden veranstaltungsbezogenen App oder über ein Online Portal sowie einem leistungsfähigem W-LAN im Veranstaltungsraum mit dem Referenten oder Moderator verbunden sind. So lassen sich Momentaufnahmen eines Stimmungsbildes oder Einschätzungen größerer Teilnehmergruppen abfragen und grafisch darstellen.

Ein **Redezeitbegrenzer** signalisiert dem Vortragenden, welche Redezeit noch verbleibt. Diverse Einzelanfertigungen, von der Digitaluhranzeige bis zur Ampelanlage mit Scheinwerfern, sind im Einsatz. Natürlich ist auch hier die einfache Einblendung einer digitalen Anzeige, z. B. auf dem Präsentationsrechner, möglich. Software wie etwa „PowerPoint" ermöglicht diese Funktion schon sehr effektvoll im sogenannten Präsentationsmodus. Intelligente **Diskussionsanlagen,** teilweise kombiniert als Dolmetscheranlage, haben diese Funktion ebenfalls integriert.

Die Zuteilung einer Wortmeldung kann durch die Autorisierung mit einer ID-Card oder manuell durch die Diskussionsleitung erfolgen.

Eine **Dolmetscheranlage** (Böhm et al. 2017) ermöglicht es, die unterschiedlichen Sprachen der Verdolmetschung, kabellos über verschiedene Kanäle auf einen Empfänger/Kopfhörer zum Teilnehmer zu übertragen (siehe Abb. 11.7). Die Dolmetscher sind in Kabinen im oder am Versammlungsraum mit Sichtverbindung zum Redner untergebracht. Standards, die die Bedingungen der Räume und Technik für (Simultan-) Dolmetscher regeln, sind in der DIN 56924 „Kabinen für Simultanübertragung" und DIN IEC 60914 „Konferenzanlagen" sowie DIN 15906 „Tagungsstätten" festgeschrieben.

Die Übertragung findet überwiegend durch Infrarottechnik (da abhörsicher und nur im Sichtbereich des Infrarot-Sender-Empfängers, also im jeweiligen Veranstaltungsraum, möglich) aber auch mit Funkanlagen statt.

Kongressregistrierung der Teilnehmer, die Erfassung der Daten, der Verkauf von Kongresstickets, der Ausdruck oder die Ausgabe von Namenschildern (Badges mit oder ohne RFID Code), die Buchung von Rahmen- und Begleitprogrammen, die Informationen zum Tagungsprogramm, die Ausgabe von Kongresstaschen und -unterlagen) machen eine unterschiedliche, Teilnehmerzahl abhängige Logistik im Eingangsbereich einer Veranstaltung notwendig. Die **Registriercounter** sollten individuell beschriftbar (Teilnehmer von A–Z, Presse, VIP etc.) und in der Regel mit PCs, Druckern und Kassen- bzw. Zahlungseinrichtungen für Kreditkarten (mobile payment) ausgestattet sein. Eine Online-Anbindung mit hoher Datenübertragungsgeschwindigkeit ist für den Zugriff auf die Server des Veranstalters, die beispielsweise für die Vorregistrierung eingesetzt waren, eine wesentliche Voraussetzung.

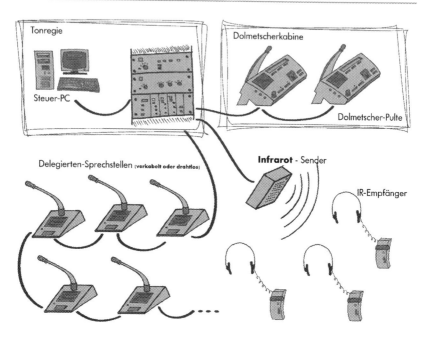

Abb. 11.7 Dolmetscher- und Diskussionsanlage. (Quelle: Eigene Darstellung)

Zugangskontrollsysteme wie Barcodezutrittssteuerungen, Drehkreuze, oder Sicherheitskontrollsysteme (Schleusen) werden nach Bedarf aufgestellt und erfordern entsprechende drahtlose oder kabelgebundene Netzwerkanschlüsse.

Posterausstellungen ergänzen die Kongressprogramme. Wissenschaftliche Beiträge werden so den Teilnehmern an **Posterwänden** präsentiert. Unterschiedliche Formate von Posterwänden werden in der Regel durch die Veranstalter bereitgestellt. Das Format A 0 der Beiträge hat sich durchgesetzt und wird am häufigsten verwendet. Die Flächen für diese Ausstellungen beanspruchen erheblichen Platz, insbesondere bei größeren wissenschaftlichen Kongressen; eine Ausschilderung/Bezeichnung/Nummerierung der Beiträge, die Bereitstellung von ausreichend Befestigungsmaterial (Pinnägel, Klebeband etc.) und gegebenenfalls die Unterstützung durch Personal ist wichtig. Abgelöst werden die klassischen Posterwände in verstärktem Maße durch Großbildmonitore zur digitalen Darstellung oder einfachen PC-Terminals. Dies ist aktuell noch eine Kostenabwägung des Veranstalters.

Eine gute Besucherführung, dezente aber ausreichende **Leit- und Informationssysteme,** sind der unbewusste Eindruck, den jeder Gast einer Veranstaltung wahrnimmt. Findet man die Garderobe nicht, weiß man nicht wann und wo etwas stattfindet, stellt sich auch bei einer inhaltlich gelungenen Veranstaltung keine Entspannung für die Gäste ein. Der mit Klebeband befestigte A4-Computerausdruck sieht zwar nicht besonders aus, ist aber der Notnagel für den Toilettenhinweis in letzter Minute. Professionelle Grafiker entwerfen und produzieren Ausdrucke in allen beliebigen Größen. Fahnen, Banner, Grafik und Text an Aufstellern oder Tafeln sind uns aus der Plakatwerbung bekannt (siehe auch DIN 15906 Tagungsstätten).

Monitore und Bildschirme können immer größere Formate darstellen und werden einzeln oder über zentrale Server-Netzwerke mit Spezialsoftware bespielt (siehe Abb. 11.8). Durch den Einsatz von Drahtlosnetzwerken (W-LAN) können so mobile Aufsteller oder Infoterminals im Touchscreen-Modus beliebig positioniert werden. Anzeigen können kurzfristig geändert und Newsticker geschalten werden. Einige solcher Systeme werden durch den Verkauf von Werbezeiten finanziert.

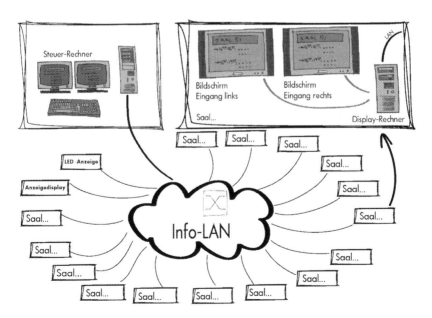

Abb. 11.8 Zentrales Anzeige-/Informationssystem. (Quelle: Eigene Darstellung)

Die Ausstattung von **Pressezentren** richtet sich nach dem Standard, den der Veranstalter den Vertretern der Presse einrichten möchte. Sehr viele Veranstalter verwöhnen die Medienvertreter mit Telekommunikationseinrichtungen, Live-Streaming der Veranstaltung, Internetzugang und weitern Spezialwünschen, die für Journalisten sinnvoll sind. Akkreditierungscounter, Pressepostfächer für gezielte Informationen, reservierte Plätze und Kamerapodeste im Veranstaltungs-raum oder Ton- und Video-Live-Übertragungen in separate Lounges, die Auslage von aktuellen Printmedien, Interviewräume, Einzelarbeitsplätze mit PCs und Dru-ckern, Kopierer, Splitboxen zur Ankopplung von mobiler Aufnahmetechnik der Medien, Simultanverdolmetschung, Catering sowie die Darstellung von Sponso-ren gehören zu den Einrichtungen von Pressezentren bei Veranstaltungen.

Wichtiger Bestandteil jeder Veranstaltung ist die Kommunikation der Beteilig-ten untereinander; die Techniker, die auf ihre Einsätze warten, der Spotfahrer, der auf den Auftritt des Stars wartet, die Regie, welche die Einstellungen der Kame-ras steuert, aber auch der Caterer (Pommerau 2013), der den gleichzeitigen Ein-satz aller Servicekräfte zum Mitternachtsbuffet auslöst.

Funkgeräte und Mobiltelefone mit Kopfhörern sind sicherlich eine Lösung, jedoch sehr störungsanfällig – und ein „verpatzer Einsatz" als Resultat einer tech-nischen Kommunikationspanne muss vermieden werden.

Kommunikationstechnik ist sehr vielfältig, drahtgebundene Inspizienten- und Intercom-Anlagen sowie Kommandoanlagen sind sicherer und als Mehrka-nalsysteme überaus leistungsfähig (siehe Abb. 11.9).

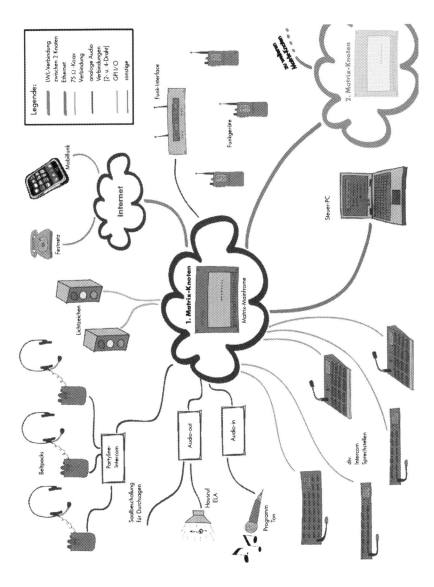

Abb. 11.9 Beispiel einer Kommunikationsanlage. (Quelle: Eigene Darstellung)

Planung und Organisation 12

Eine gut organisierte Veranstaltung (Bauer 2017) gliedert die Zuständigkeiten klar und grenzt die Aufgabengebiete untereinander ab. Dazu sollten je nach Veranstaltungsgröße besondere **Organigramme** angefertigt werden, die linienförmig die **Projektorganisation** darstellen.

Eine professionelle Projektorganisation bedarf umfangreicher Kommunikation.

Die Hilfsmittel dazu sind heute sehr vielfältig. Neben geeigneter Software zur Abwicklung komplexer Projekte (Projektmanagement) mit Datenbankanbindungen sind immer häufiger **Online-Projektmanagement-Systeme,** für viele Anwender gleichzeitig nutzbar, im Einsatz. Es besteht dann die Möglichkeit, sich von jedem beliebigen Arbeitsplatz online über einen zentralen Server in ein Projekt einzuloggen und auf alle wichtigen Daten, Termine, Protokolle, Angebote, Ausschreibungsunterlagen, Grundrisspläne etc. zuzugreifen.

Die Produktion (Print) und Verteilung ausreichend vieler Exemplare von **Produktionshandbüchern,** Tagesdispositionen, Telefonlisten etc. werden dadurch nicht ersetzt. Die Informationen sollten die häufigsten „W-Fragen" (wann, was, wer, wo, wieviel, womit) beantworten und möglichst viele Randinformationen liefern (Anfahrtspläne, Hotellisten etc.).

Die möglichst exakte Ausformulierung des Anforderungsprofils einer Veranstaltung in einer für Techniker lesbaren Projektsprache vermeidet unnötige Rückfragen.

Projektbesprechungen und Meetings müssen effektiv geplant und strukturiert ablaufen. Das setzt voraus, dass Tagesordnungen und ggf. Fragestellungen an die Teilnehmer vorab versandt und sachliche Abläufe während der Treffen moderiert werden. Ein Gastgeber für ein Meeting sorgt selbstverständlich für gute Rahmenbedingungen, das heißt etwa. einen geeigneten Raum mit ausreichender Belüftung, die Bereitstellung von Getränken etc. Einladungen zu Besprechungen mit

© Springer Fachmedien Wiesbaden GmbH 2018
H. Syhre und S. Luppold, *Event-Technik*, essentials,
https://doi.org/10.1007/978-3-658-19798-8_12

genauen Angaben zu Ort, Zeit und Themen müssen rechtzeitig versandt und rück-bestätigt werden.

Zudem ist es notwendig, alle wichtigen Ergebnisse einer Besprechung zu protokollieren. Diese Protokolle müssen den Betroffenen mit konkreten Aufga-benstellungen, Verantwortlichkeiten und Terminsetzungen zur Erledigung zuge-leitet werden. Die Informationen sollten allen Teilnehmern und Verantwortlichen schnellstmöglich nach der Besprechung zur Verfügung stehen.

Bei großen „Elefantenrunden" ist es ratsam, einen Gesprächsleiter unabhän-gig vom inhaltlichen Geschehen zu benennen. Die maximale Gruppengröße eines Meetings sollte ein Dutzend Teilnehmer und die Dauer von drei Stunden nicht überschreiten (Pausen einplanen!).

Jeder Teilnehmer einer Gesprächsrunde muss die Gelegenheit erhalten, seine Fragen zu stellen und zumindest einen Termin genannt bekommen, wie und wann er diese Fragen beantwortet bekommt.

Eine gute Vorbereitung verkürzt die Nachbearbeitungszeit eines Meetings!

Organisation der technischen Infrastruktur

Die *technische Infrastruktur* der jeweiligen Veranstaltungsstätte kann sehr unter-schiedliche Qualitäten haben. Moderne Veranstaltungsstätten besitzen die not-wendigen Anschlüsse eher in flexibler Form, sodass die technischen Vorgaben für die Veranstaltungstechnik leichter realisiert werden können. Die Möglichkeiten zum Anschluss der Technik (z. B. Energieversorgung, Wasserversorgung, Druck-luft, mobile Heiz-, Kühl- oder Lüftungsanlagen, Telekommunikationseinrichtun-gen) sowie der Hängepunkte in ausreichender Anzahl und Belastung ist in den meisten Locations mit Kompromissen verbunden.

Je nach Art und Ort der Veranstaltung muss teilweise ein erheblicher Aufwand betrieben werden um die gewünschten Anschlüsse bereitzustellen.

Die Möglichkeiten zum Anschluss der Veranstaltungstechnik müssen sorg-fältig geprüft werden, dazu ist die Ermittlung der genauen Anschlusswerte und Mengen notwendig, um die Kapazitäten unter Berücksichtigung eines Gleichzei-tigkeitsfaktors optimal auszunutzen.

Absprachen mit den Technikern vor Ort und den technischen Dienstleistern sind daher unverzichtbar. Zum Einbringen schwerer Veranstaltungstechnik in Räume oder Hallen müssen die örtlichen Gegebenheiten genauestens erhoben werden.

Der Anschluss von mobilen Containerdörfern oder Messebauräumen, Zelten etc. für Produktionsbüros und Künstlergarderoben erfordert eine gute technische Infrastruktur hinsichtlich

- Stromanschlüssen,
- Wasser- und Abwasseranschlüssen,
- Telefon- und Faxanschlüssen und
- Internetzugängen.

Technische Produktionsleitung

Die **Produktionsleitung der Technik,** hat die Aufgabe, neben der Planung von technischem Equipment die Koordination der technischen Gewerke zu übernehmen.

Die Ausstattung mit geeigneter **Kommunikationstechnik** und Assistenz gehört ebenso zum Handwerkzeug wie die Vermeidung oder Reduzierung von Zwischenfällen. Für eilige Besorgungen stehen meist so genannte „Runner" mit einem Fahrzeug zur Verfügung.

Zu den wichtigsten Logistikleistungen und Aufgaben der technischen Leitung von Produktionen gehören

- die Organisation des Materiales,
- das Erstellen der Packlisten von technischem Equipment,
- die Kontrolle des Materiales auf Funktiontüchtigkeit,
- die Organisation des Transports,
- je nach Umfang der Einsatz der geeigneten Transportmittel,
- die Anlieferung des Materials zur gewünschten Zeit am richtigen Ort ohne unnötige Zwischenlagerungen,
- die optimale Be- und Entladung der Fahrzeuge in der richtigen Reihenfolge,
- die hierfür benötigten Hilfsmitteln (Gabelstapler, Hubwagen, Transportwagen),
- das Vermeiden unnötigen Rangierens,
- die Koordination des entladenen Equipments (möglichst alles auf Rollen und verpackt, z. B. in „Flight Cases"),
- die Kontrolle des Materials nach dem Transport (Vollständigkeit und Zustand),
- die Organisation von Reservematerial,
- die Einteilung des technischen Personales, der Helfer etc.,
- die Koordination des Abstellens von Leergut und dessen Lagerung bis zum Abtransport,
- das Parken der leeren Transportfahrzeuge,

- die Abstimmung mit den Gewerken und Dienstleistern vor Ort für die gesamte technische Infrastruktur,
- die Einhaltung der gesetzlichen Bestimmungen zu Dienst- und Einsatzplanung,
- der reibungslose Auf- und Abbau des Materiales,
- die Koordination von Arbeitsbrücken, Hebebühnen, Arbeitsbühnen sowie deren optimale Bedienung,
- die Einhaltung der Einrichtzeiten (Einleuchten, Soundcheck etc.),
- die Einhaltung gesetzlicher Vorschriften (z. B. Arbeitszeiten, Unfallverhütung, Versammlungsstättenverordnung) sowie deren Unterweisung vor Ort,
- die Betreuung der Veranstaltung mit qualifiziertem, ausgeruhtem und motivierten Personal.

Die Einrichtung eines mobilen „Crew Catering" wird in vielen Produktionen als ein Ort der Kommunikation der Techniker genutzt. Dort wird vieles direkt geklärt.

Die Qualifikation der technischen Leitung sollte mindestens „Meister für Veranstaltungstechnik" sein; umfangreiche Kenntnisse der Veranstaltungstechnik und der gesetzlichen Bestimmungen sind Grundvoraussetzungen für die Sicherheit (Moroff und Luppold 2017; Reithmann 2013) der Beteiligten an einer Produktion. In den Unfallverhütungsvorschriften und der Versammlungsstättenverordnung werden entsprechende koordinative und organisatorische Fähigkeiten gefordert (Verantwortliche Personen).

Verantwortlichkeiten

Die Regelungen zu den Verantwortlichkeiten (siehe Abb. 12.1 und 12.2) im Ablauf von Veranstaltungen sind durch den Gesetzgeber festgelegt. Neben dem Leiter einer Veranstaltung (im Sinne der Versammlungsstättenverordnung) kommt dem Verantwortlichen für Veranstaltungstechnik eine besondere Bedeutung zu.

Sehr ausführlich ist dies in der Schrift der Berufsgenossenschaft „Sicherheit bei Veranstaltungen und Produktionen" erläutert (VBG 2017).

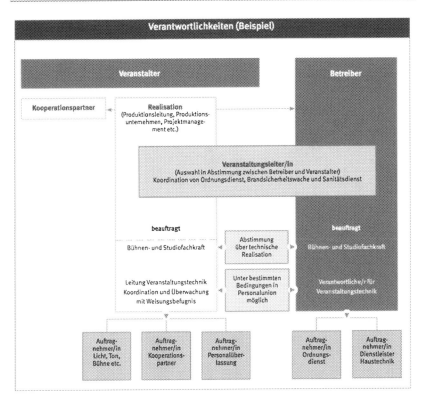

Abb. 12.1 Verantwortlichkeiten. (Quelle VBG)

MVStättV	UVV BGV A1 / C1	DIN 15750
Betreiber:	Unternehmer:	Auftraggeber:
- **Gesamtverantwortung** - Sicherheit der Veranstaltung - Einhaltung der Vorschriften - Anwesenheit - ordnungsrechtliche Verantwortung Veranstaltungsleiter: ... übernimmt die Verantwortung des Betreibers; anwesend sein Veranstalter: (Vertrag!) kann die Verantwortung des Betreibers unter bestimmten Bedingungen übernehmen Verantwortliche für Veranstaltungstechnik: müssen mit der VT vertraut sein und die Sicherheit und Funktion gewährleisten; anwesend sein! Ordnungsdienstleiter: Besucherbereich!	- **Gesamtverantwortung** - Maßnahmen der Arbeitssicherheit - Maßnahmen planen, organisieren, durchführen - sichere Bau- und Ausrüstung - Unterweisungen sicherstellen - Übertragung von Leitung und Aufsicht Leitung und Aufsicht: - in Veranstaltungs- und Produktionsstätten nur Bühnen- und Studiofachkräfte Bühnen- und Studiofachkräfte: - Freigabe der Szenenfläche Versicherte (Beschäftigte): - Arbeitsschutz aktiv unterstützen - Einschränkung für Konsum von Alkohol, Drogen, Medikamenten	- **Gesamtverantwortung** - organisatorische Einbindung aller Dienstleister - Benennung der technischen Leitung Veranstaltungstechnik - Gehörgefährdung der Mitarbeiter und Besucher Auftragnehmer: - Erbringung der beauftragten Leistung - Nachweis gesetzl. Vorschriften - geeignete Personen einsetzen Technische Leitung VT: - Überwachung aller technischer Leistungen - Abstimmung zwischen allen Leistungen - Weisungsbefugnis

Abb. 12.2   Wer verantwortet was. (Quelle: Deutsche Eventakademie)

Das Personal in der Veranstaltungstechnik

13

Die Mitarbeiter, egal aus welchem Berufszweig kommend und in welchem Gewerk der Veranstaltungstechnik eingesetzt, sind in fast allen Fällen außergewöhnlich motiviert. Das liegt einerseits an der Aufgabe: kreativ und abwechslungsreich arbeiten zu können; andererseits ist dies darin begründet, unmittelbar hinter den Kulissen für die im Rampenlicht stehenden Stars, Topkünstler oder andere in der Öffentlichkeit stehende Personen die technischen Voraussetzungen für eine erfolgreiche Präsentation zu schaffen.

Die Unregelmäßigkeit der Arbeit und der Arbeitszeit wird grundsätzlich nicht als negativ empfunden.

Die spezifischen Ausbildungen in der Veranstaltungstechnik gibt es noch nicht lange. Viele verschiedene Fortbildungslehrgänge haben in der Vergangenheit den Mitarbeitern in Theatern, Hallen, Studios und bei Dienstleistern und Verleihern der Branche das notwendige Fachwissen vermittelt.

Nachfolgend werden einige Berufe und die typischen Berufsbezeichnungen etwas erläutert. Die Auflistung erhebt keinen Anspruch auf Vollständigkeit.

Bühnen-/Studio-/Theatermeister

Technisch handwerklich, meist Quereinsteiger aus Holz- bzw. Metallberuf mit Zusatzqualifikation und staatlicher Prüfung/Befähigungsnachweis zum „Bühnentechnischen Vorstand".

Einsatz: Bühnen, Theater, Mehrzweckhallen, Studios, Agenturen, Verleiher, Dienstleister.

© Springer Fachmedien Wiesbaden GmbH 2018
H. Syhre und S. Luppold, *Event-Technik*, essentials,
https://doi.org/10.1007/978-3-658-19798-8_13

Bühnen-/Veranstaltungstechniker

Technisch handwerklich, meist Quereinsteiger aus Holz- bzw. Metallfachkraft-Berufen oder ohne Abschlüsse.

Einsatz: Besitzen meist genaue Ortskenntnis, sind teilweise sehr erfahrene Mitarbeiter in festen Häusern Bühnen, Theater, Mehrzweckhallen, Studios, auch Verleiher und Dienstleister.

Veranstaltungsoperator

Technisch handwerklich, meist Quereinsteiger aus allen Bereichen mit Zusatz-qualifikation und Abschluss eines Lehrgangs.

Einsatz: Meist freie Techniker beim Verleiher und Dienstleister.

Stagehand oder Helfer

Technisch handwerklich, meist Quereinsteiger aus allen Bereichen.

Einsatz: Werden überall benötigt um einfache, schnell anzulernende Tätigkei-ten wie Be- und Entladen, Bestuhlen usw. durchzuführen, meist auf Bühnen, in Theatern, Mehrzweckhallen, Studios, Dienstleister.

Rigger (auch Head Rigger, Sachkundiger für Veranstaltungsrigging)

Technisch handwerklich, meist Quereinsteiger aus allen Bereichen mit Zusatz-qualifikation und Abschluss eines Lehrgangs oder anderer Akademien (IHK).

Einsatz: Werden überwiegend bei Verleihern eingesetzt um Traversenkonstruk-tionen aufzubauen. Sie sind für die Fach- und Sachgerechte Ausführung sowie die zulässige Belastbarkeit der Konstruktionen verantwortlich.

Bühnen- oder auch Studiobeleuchtungsmeister

Technisch handwerklich, meist Quereinsteiger aus Elektro- bzw. Metallberuf mit Zusatzqualifikation und staatl. Prüfung/Befähigungsnachweis zum „Bühnentech-nischen Vorstand".

Einsatz: Bühnen, Theater, Mehrzweckhallen, Studios, Agenturen, Verleiher, Dienstleister.

Beleuchter

Technisch handwerklich, meist Quereinsteiger aus verschiedensten Berufen (Stellwerksbeleuchter bedient das Lichtstellpult).

Einsatz: Besitzen meist genaue Ortskenntnis, sind teilweise sehr erfahrene Mitarbeiter in festen Häusern, Bühnen, Theater, Mehrzweckhallen, Studios, auch Verleiher und Dienstleister.

Lichtdesigner

Meist Beleuchtungsmeister mit Zusatzlehrgängen bzw. begabte kreative Techniker, die einen Studiengang verschiedener Richtungen absolviert haben, z. B. Theaterakademie am Prinzregententeater München oder am „Liverpool Institute of Performing Arts", jedoch nennen sich viele Beleuchter „Lightdesigner" um ihre künstlerischen Fähigkeiten zu bewerben.

Einsatz in Bühne, Theater auch Verleiher und Dienstleister, Agenturen.

Tontechniker

Technisch handwerklich, meist Quereinsteiger aus den Bereichen Elektrotechnik/ Elektronik/IT ohne oder mit Zusatzqualifikationen und Lehrgängen der verschiedenen Anbieter.

Einsatz: Sind teilweise sehr erfahrene Mitarbeiter in festen Häusern wie Bühnen, Theater, Mehrzweckhallen, Studios, auch Verleiher und Dienstleister.

Tonmeister (FH)

Ausbildung/Studium zum Tonmeister an verschiedenen Musikhochschulen (eher musikalische Ausbildung).

Einsatz: In den überwiegenden Fällen Konzerthäuser, Opernhäuser, Musikstudios, Rundfunk- und Fernsehanstalten und als frei buchbare Mitarbeiter bei Projekten für Dienstleister tätig.

Toningenieur (FH)

Ausbildung/Studium zum Toningenieur an verschiedenen technischen Hochschulen und am Institut für Rundfunktechnik IRT (eher technische Ausbildung).

Einsatz: In den überwiegenden Fällen Konzerthäuser, Opernhäuser, Musikstudios, Rundfunk- und Fernsehanstalten.

Toningenieur (SAE)

Die „School of Audio Engineering" bildet meist erfahrene Quereinsteiger der Audiobranche berufsbegleitend aus.

Einsatz: Sind teilweise sehr erfahrene Mitarbeiter in festen Häusern wie Bühnen, Theater, Mehrzweckhallen, Studios, auch freie Mitarbeiter beim Verleiher und Dienstleister.

Sounddesigner

Technisch handwerklich, Quereinsteiger aus den Bereichen Elektro/Elektronik/IT ohne oder mit Zusatzqualifikationen und Lehrgängen, jedoch nennen sich viele Tontechniker und Tonmeister „Sounddesigner" um ihre künstlerischen Fähigkeiten zu bewerben.

Einsatz meist in produzierenden Tonstudios (Film) und als frei buchbare Mitarbeiter bei Projekten für Dienstleister.

Fachkraft für Veranstaltungstechnik (IHK)

Mit der Fachkraft für Veranstaltungstechnik wurde 1998 ein bundeseinheitlicher, staatlich anerkannter Ausbildungsberuf geschaffen, der den gestiegenen Anforderungen in den Kultur- und Medienbereichen Rechnung trägt. Die Ausbildung soll traditionelle, spezialisierte Berufe wie Bühnentechniker, Montagehandwerker, Messebauer, Eventtechniker, Beleuchter und Tontechniker in einem neuen, umfassenden Berufsbild zusammenführen. Grund ist die weiter wachsende Komplexität der heutigen Veranstaltungstechnik, die vielseitig qualifiziertes Personal erfordert. Ein interessanter, vielfältiger Beruf mit guten Zukunftschancen, der vielen Unternehmen und Institutionen der Veranstaltungsproduktion die Möglichkeit gibt, ihre Effektivität im technischen Bereich zu steigern. Die dreijährige, praxisorientierte Ausbildung kann in allen Veranstaltungs- und Produktionsbetrieben sowie in Unternehmen der Fachbranche absolviert werden, sofern die Ausbildungsvoraussetzungen erfüllt werden.

Meister für Veranstaltungstechnik (IHK)

Der Meister, die Meisterin für Veranstaltungstechnik in den Fachrichtungen Bühnen/Studios, Beleuchtung und Hallen ist speziell für die Leitung von kleineren bis mittleren Organisationseinheiten mit hohen technischen Anforderungen in den veranstaltungstechnischen Bereichen von Theatern, Studios, Hallen, Versammlungsstätten allgemein und freien Produktionen vorgesehen. Diesen anerkannten Fortbildungsberuf gibt es erst seit rund zwanzig Jahren.

Der erfolgreiche Abschluss der Prüfung zum „Meister/in für Veranstaltungstechnik" ist nicht nur die fachliche Voraussetzung um selbstständig Führungsaufgaben in Versammlungs- und Produktionsstätten übernehmen zu können, sie ist zugleich die Befähigung für Leitungs- und Aufsichtsaufgaben im Sinne der einschlägigen Sicherheitsvorschriften.

„Meister/innen für Veranstaltungstechnik" sind die Spezialisten und Schrittmacher in der mittleren Führungsebene; sie tragen typischerweise im operativen Veranstaltungsmanagement eine hohe Verantwortung.

Dipl. Ing. für Veranstaltungstechnik (FH und BA)

Ein breit angelegtes Grundlagenstudium in den Bereichen Maschinenbau, Elektrotechnik, Veranstaltungstechnik und Betriebskunde bildet mit dem notwendigen Praxisbezug die Basis des Studiums. Hinzu kommt die Vermittlung von Kenntnissen im künstlerischen Bereich von Kulturproduktionen. Beides sind unverzichtbare Voraussetzungen für eine fachlich und persönlich kompetente Führungskraft. Der Diplomingenieur Theater- und Veranstaltungstechnik erfüllt damit und in Verbindung mit einer entsprechenden Praxis die Anforderungen an eine Führungskraft in der Veranstaltungstechnik. Nach zwei Jahren Berufspraxis kann der Befähigungsnachweis beantragt und erteilt werden (bühnentechnischer Vorstand).

Inspizienten

Ursprünglicher Begriff aus dem Theater. Der Inspizient ist bei einer Theateraufführung für die Koordination/Steuerung von Licht, Ton, Umbauten (Verwandlungen) und das pünktliche Erscheinen der Künstler auf der Bühne verantwortlich. Über ein sogenanntes Inspizientenpult stehen ihm in besonderer Weise elektroakustische Rufmöglichkeiten (Gong oder Durchsagen) auch in Gruppierungen in die verschiedenen Räumlichkeiten eines Hauses zur Verfügung. Ein Inspizient ist für das pünktliche Zusammentreffen aller an einer Produktion beteiligten Mitwirkenden, der Technik sowie dem Publikum verantwortlich.

Lichtsetzender Kameramann

Funktionsbezeichnung, meist erfahrene Beleuchtungsmeister und Lichtdesigner, die in Vorbereitung einer Kameraübertragung die Verantwortung und Steuerung für das „Einleuchten" (Ausrichtung und Intensität der Beleuchtung/Scheinwerfer) übernehmen.

Einsatz bei Großbildprojektionen oder Fernsehproduktion, Film.

Diese Liste kann in den Bereichen Theater sowie Event- und Broadcast-Branche fortgesetzt werden.

Vom Kameramann bis zum Regisseur, vom Aufnahmeleiter bis zur Kabelhilfe: in der Veranstaltungstechnik gibt es einige Berufs- und Funktionsbezeichnungen, die hier nicht erwähnt wurden.

Vorschriften in der Veranstaltungstechnik

14

Die wichtigsten Grundlagen für den Umgang, die Verwendung und den Einsatz von Veranstaltungstechnik sind in Unfallverhütungsvorschriften der Unfallversicherungsträger zu finden.

Der Bau und Betrieb von Versammlungsstätten ist in den Landesbauordnungen und insbesondere der Versammlungsstättenverordnung bzw. den Sonderbauverordnungen für Versammlungsstätten der jeweiligen Bundesländer geregelt.

Mit der stetigen Weiterentwicklung in der Technik werden die jeweiligen Vorschriften und Gesetze fortgeschrieben und angepasst.

Grundsätzlich wird unterschieden zwischen

- den Gesetzen und Verordnungen, die bindenden Charakter besitzen und
- den technischen Regeln, die empfehlen in welcher Art die jeweiligen Ausführungen umgesetzt werden sollen.

Neben den allgemein für jede Branche geltenden gesetzlichen Regelungen für Mitarbeiter in gewerblicher Produktion und Dienstleistung, finden spezifische Festlegungen Anwendung, die alle Beteiligten und Sachwerte bei Veranstaltungen in besonderem Maße schützen sollen.

Die Broschüre der Deutschen Eventakademie zur Planung von Veranstaltungen gibt hier einen umfangreichen Überblick über die Rechtsquellen (Lohmann o. J.).

© Springer Fachmedien Wiesbaden GmbH 2018
H. Syhre und S. Luppold, *Event-Technik*, essentials,
https://doi.org/10.1007/978-3-658-19798-8_14

Anhang

Checkliste Technische Projektplanung
(logistische Abfolge / Aufbau, Durchführung, Abbau, Nachbereitung)

- Projektplan planen
- Vorbesichtigung der Location
- Abstimmung mit der Location (Angebot – Vertrag – Verantwortlichkeiten)
- Ausschreibung bzw. Angebotseinholung Angebotsabfrage der Gewerke
- Angebotsprüfung
- Materialplanung
- Teambesprechung mit allen Beteiligten Gewerken
- Aufplanung
- Pläne zeichnen und zur Prüfung verteilen, abstimmen
- 1./2./3. usw. Korrektur
- Einreichen der Pläne bei den Behörden
- Abstimmung mit den Behörden, Genehmigungsverfahren
- Abstimmung mit Verleihbetrieben, Dienstleistern der Gewerke
- Produktionshandbuch erstellen

Aufbau:

- Übernahme der Location mit dem Betreiber, Protokoll anfertigen
- Produktionsbüro einrichten
- Verantwortlichkeiten klären / Unterweisung der Produktionsbeteiligten
- Produktionsbesprechung(en) während des Aufbaus
- Strom- und ggf. Wasseranschlüsse herstellen, prüfen

© Springer Fachmedien Wiesbaden GmbH 2018
H. Syhre und S. Luppold, *Event-Technik*, essentials,
https://doi.org/10.1007/978-3-658-19798-8

- LKWs entladen
- Traversen zusammensetzen
- Traversen aufhängen
- Traversen auf Arbeitshöhe fahren
- Beschallung aufhängen, verkabeln
- Beleuchtung aufhängen, verkabeln
- Leergut verstauen
- Traversen auf Endstellung bringen
- Beleuchtung ausrichten (Ausleuchten)
- Bühne aufbauen (Podeste)
- Lasershow aufbauen, einrichten
- Nebelmaschinen positionieren und verkabeln
- Bodenbelag auf die Bühne
- Bühnenpodeste verkleiden
- Dekoration aufbauen
- Mikrofone und Backline aufstellen
- Tribüne für Publikum bauen
- Bodenbelag auf die Tribüne
- Tische, Bestuhlung aufstellen
- Beleuchtungsprobe
- Soundcheck
- Traversen erden
- Mängelliste des Aufbaus abarbeiten
- Pyrotechnik aufbauen
- Lasershow – proben
- Notausgänge kontrollieren (Notbeleuchtung/Freihaltung)
- Pyrotechnikprobe, Abnahme durch Behörden
- Proben Künstler
- Schluss-/Feinreinigung vor Veranstaltungsbeginn

Veranstaltungsdurchführung

- Einlass, alle Gewerke „stand by"
- Techniker auf Position
- Show, evtl. Pausen…

Abbau nach Veranstaltungsende und ohne Besucher

- Abbau aller Gewerke meist zeitgleich, jedoch koordiniert
- parallel Verladen des Equipments
- Schlussreinigung
- Müllentsorgung
- Protokoll erstellen/Schadenprotokollierung für Versicherungen
- Rückgabe der Location an den Betreiber

Nachbereitung

- Kritik abfragen bei Veranstalter
- Feedback an Dienstleister
- Rechnungsprüfung/Abrechnung der Veranstaltung

Checkliste Location – Abfragen und/oder Vorbesichtigung

- genaue Anschrift, Navigationshilfen
- Ansprechpartner im Haus (Hausmeister, Projektsteuerer, Geschäftsführer/wer ist Betreiber, wer Eigentümer)
- besondere vertragliche Regelungen mit Mieter/Veranstalter/Agentur
- Anfahrt, Parken
- Entladen, Leergutlagerung, PKW, LKW
- nächster Spediteur (Transporte/Stapler/Be- und Entladen, Logistik, Lagerung)
- Zufahrt/Anlieferung/Rampen/ebenerdig/Geschosse/Aufzüge, Belastbarkeit
- Sanitätsstelle, Rettungsdienste während Aufbau
- Wer sind die handelnden Personen?
- Welche (technischen) Qualifikationen vor Ort?
- Verantwortlichkeitsorganigramm Schnittstellen
- Wer ist **Leiter der Veranstaltung** und wer ist **Verantwortlicher für Veranstaltungstechnik?**
- Unterweisungen – Inhalte Übergabe/Übernahme/Dokumentation
- Fremdfirmenregelungen, vertragliche Abgrenzung

- Nutzung von Werkzeugen, Transportmitteln, Hubsteigern etc.
- Zeitplan, Einschränkungen, Mietzeit – Aufbau – Veranstaltung –Abbau
- allgemeine Aufbaubestimmungen
- Hausordnung – AGBs des Mietvertrages etc.
- Was darf ich – was nicht?
- Welche Dienstleistungen stehen vor Ort zur Verfügung?
- Was ist vorhanden, wo ist der nächste Baumarkt/Lieferant etc.?
- Bewachung, Security
- Ausweise – (Veranstaltungs-)Pässe – Zutrittskontrollen/-regelungen/ -beschränkungen, Kontrollen
- Öffnungszeiten, Schlüssel
- Behörden-Ansprechpartner
- Genehmigungsverfahren, wer macht was?
- Planeinreichungen/Formate
- Veranstalterhaftpflicht/Versicherungen
- ÖPNV, nächster Taxistand, Mietwagenverleiher, Bahnstation, Flughafen
- Hotels, Autobahn
- (Crew) Catering oder Pizzaservice, Fastfood…
- Rauchverbote
- Stagehands/Arbeitsamt
- Parallelveranstaltungen – Konflikte
- Kleidung/Dresscode
- Räume und Säle
- Zugänge, Eingangszonen
- Was steht zur Verfügung, welche Nebenräume, Garderoben, Lager, Duschen Sanitäranlagen?
- Produktionsbüros wo und deren Einrichtung, Telefon, Internet, WLAN
- Veranstaltungsräume: Höhen, Breiten, Tiefen: Flächen, Maße Pläne (Formate klären)
- Bodenbelastung Böden: Holz, Stein,… nutzbare Kabelkanäle?
- Kabelführung/-wege, Durchführungen Brandabschnitte
- Bodenbeläge, Teppichböden – abkleben, Folie
- Hängepunkte (Pläne)
- Statik(er) – wer prüft?
- andere spezifische Belastungen
- Raumakustik
- Stromversorgung
- Wasserversorgung

- Netzwerke/DSL
- Klebebänder, Kabelmatten, Stolpergefahren, Kabelbrücken, Gummimatten, wer?
- Beschaffenheit der Wandflächen für evtl. Kabelführungen
- Aufbau-Grundbeleuchtung
- Notausgänge, Notbeleuchtung
- Durchsagen, Kommunikationseinrichtung
- Betrieb von Funkgeräten
- Toilettenanlagen
- Infrarot oder Funk – Störungen zu erwarten (z. B. für Dolmetscheranlagen)?
- Vorhandene, nutzbare Leitungsquerverbindungen z. B. für Tonanlage-Kopplung
- Beschilderung/Leitsystem
- vorhandene Rednerpulte, nutzbares Material
- Welche Bestuhlung/Tische sind vorhanden, welche Auf- und Abbauzeiten sind geplant?
- Reinigung in welchem Zustand wird übernommen und in welchem ist zurückzugeben?
- Entsorgung/Müll – wer organisiert, wo stehen mögliche Container?
- Welche Wohlfühlfaktoren wie Tageslicht, Farbgestaltung, Haustechnik wie Lüftung, Heizung, Klima etc. sind zu berücksichtigen, stehen zur Verfügung?

Schlusswort

Personal und technisches Equipment sind bei Planung und Durchführung von Veranstaltungen immer in einen engen Zusammenhang zu bringen.Es treffen in der Regel viele verschiedene Menschen zusammen, die bei einer Produktion nur temporär zusammenarbeiten. Die beste Technik kann dabei nur so gut funktionieren und die Anforderungen erfüllen, wie sie von den Verantwortlichen für die jeweiligen Gewerken eingesetzt und bedient wird.Eine gute Kommunikation und Abstimmung zwischen den Beteiligten, ein offener und direkter Umgang sowie das gegenseitige Verständnis für die Umsetzung der unterschiedlichen Aufgabenstellungen sind Grundvoraussetzung für eine erfolgreiche Veranstaltung.

Was Sie aus diesem *essential* mitnehmen können

- Event-Technik ist ein unverzichtbarer Bestandteil von Veranstaltungen – sowohl für die Inszenierung an sich als auch die gewünschten Effekte (Emotionalisierung, Lerninhalte, Markenwahrnehmung etc.).
- Die Bestandteile von Event-Technik beschränken sich nicht auf „Licht" und „Ton"; sowohl Bühnen- als auch Medientechnik sind wesentliche Elemente und tragen zum Gesamterfolg bei.
- In besonderem Maß verändern sich die technischen Möglichkeiten bei der räumlichen Visualisierung (3D-Mapping) und besonderen Spezialeffekten, die in ein Event integriert werden können.
- Neben einem Grundverständnis der technischen Möglichkeiten ist eine Kenntnis von Vorschriften und Verordnungen auch für den Nicht-Techniker relevant – die Ausgangsbasis für die Entwicklung von Konzepten wird auch dadurch bestimmt.
- Sicherheit und Verantwortlichkeit sind Themen, die gerade im Kontext von Technik besonders bedeutend sind; dies gilt sowohl für den kleinen Show-Laser als auch für große fahrbare Bühnenteile.
- Das Verständnis für Abläufe und Organisation sowie die Auswahl von Technik und Technik-Dienstleistern gehört zum Projektmanagement von Events.
- Die Checkliste im Anhang dieses *essentials* ist chronologisch aufgebaut; sie dient als Muster für die Entwicklung eigener Checklisten, die dann spezifisch für Veranstaltungen jeder Art aufgebaut werden können.

© Springer Fachmedien Wiesbaden GmbH 2018
H. Syhre und S. Luppold, *Event-Technik,* essentials,
https://doi.org/10.1007/978-3-658-19798-8

Literatur

Bauer, T. (2017). Projektmanagement für Kongresse. In C. Bühnert & S. Luppold (Hrsg.), *Praxishandbuch Kongress-, Tagungs- und Konferenzmanagement* (S. 537–566). Wiesbaden: Springer Gabler.

Böhm, J., Eberhard, A., & Luppold, S. (2017). *Simultandolmetschen – Erfolgsfaktor für Internationale Events*. Wiesbaden: Springer Gabler.

Bühnert, C. (2013). Veranstaltungsformat. In M. Dinkel, S. Luppold, & C. Schröer (Hrsg.), *Handbuch Messe-, Kongress- und Eventmanagement* (S. 199–212). Sternenfels: Wissenschaft & Praxis.

Conrad, J.-F. (2007). *Lexikon Beschallung* (2. Aufl.). Bergkirchen: PPV Medien.

Geisser, M. (2013). Virtuelles Event. In M. Dinkel, S. Luppold, & C. Schröer (Hrsg.), *Handbuch Messe-, Kongress- und Eventmanagement* (S. 230–234). Sternenfels: Wissenschaft & Praxis.

Goschmann, K. (2013). Messegelände. In M. Dinkel, S. Luppold, & C. Schröer (Hrsg.), *Handbuch Messe-, Kongress- und Eventmanagement* (S. 152–153). Sternenfels: Wissenschaft & Praxis.

Grösl, B. (2015). *Bühnentechnik* (5. Aufl.). Berlin: De Gruyter & Oldenbourg.

Leber, M. (2013). Musterversammlungsstättenverordnung. In M. Dinkel, S. Luppold, & C. Schröer (Hrsg.), *Handbuch Messe-, Kongress- und Eventmanagement* (S. 168–170). Sternenfels: Wissenschaft & Praxis.

Lohmann, A. (o. J.). Planung von Veranstaltungen. https://www.bcsd.de/media/planung_von_veranstaltungen.pdf. Zugegriffen: 20. Aug. 2017.

Lück, M., & Böttger, C. (2013). *Praxis des Riggings* (4. Aufl.). Bergkirchen: PPV Medien.

Luppold, S. (2013a). Event. In M. Dinkel, S. Luppold, & C. Schröer (Hrsg.), *Handbuch Messe-, Kongress- und Eventmanagement* (S. 70–72). Sternenfels: Wissenschaft & Praxis.

Luppold, S. (2013b). Veranstaltungsstätte. In M. Dinkel, S. Luppold, & C. Schröer (Hrsg.), *Handbuch Messe-, Kongress- und Eventmanagement* (S. 220–221). Sternenfels: Wissenschaft & Praxis.

Moroff, M., & Luppold, S. (2017). *Sichere Events*. Wiesbaden: Springer Gabler.

Mueller, J. (2015). *Handbuch der Lichttechnik* (5. Aufl.). Bergkirchen: PPV Medien.

o. V. (2017). Musterversammlungsstättenverordnung. https://www.dthg.de/offsite-7/page86/. Zugegriffen: 12. Aug. 2017.

© Springer Fachmedien Wiesbaden GmbH 2018
H. Syhre und S. Luppold, *Event-Technik*, essentials,
https://doi.org/10.1007/978-3-658-19798-8

Pommereau, C. (2013). Catering. In M. Dinkel, S. Luppold, & C. Schröer (Hrsg.), *Handbuch Messe-, Kongress- und Eventmanagement* (S. 42–45). Sternenfels: Wissenschaft & Praxis.

Reithmann, J. (2013). Sicherheit. In M. Dinkel, S. Luppold, & C. Schröer (Hrsg.), *Handbuch Messe-, Kongress- und Eventmanagement* (S. 180–184). Sternenfels: Wissenschaft & Praxis.

VBG. (2017). Sicherheit bei Veranstaltungen und Produktionen. http://www.vbg.de/SharedDocs/Medien-Center/DE/Broschuere/Branchen/Buehnen_und_Studios/Sicherheit_bei_Veranstaltungen_und_Produktionen.pdf?__blob=publicationFile&v=10. Zugegriffen: 12. Aug. 2017.

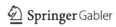 springer-gabler.de

C. Bühnert, S. Luppold (Hrsg.)
Praxishandbuch Kongress-, Tagungs- und Konferenzmanagement
Konzeption & Gestaltung, Werbung & PR,
Organisation & Finanzierung
1. Aufl. 2017, VIII, 803 S., 113 Abb.
Hardcover
*79,99 € (D) | 82,23 € (A) | CHF 82.50
ISBN 978-3-658-08308-3

Ein unverzichtbares Grundlagenwerk

- Standardwerk zum ganzheitlichen Management von großen und kleinen Kongressen, Tagungen und Konferenzen
- Erfolge sichern und Risiken vermeiden
- Zahlreiche Praxisbeispiele – anschaulich dargestellt

1. Auflage

Dieses Praxishandbuch erklärt grundlegend alle Facetten einer optimalen Planung und Realisierung von Kongressen, Tagungen und Konferenzen. Renommierte Experten und Brancheninsider beschreiben alle relevanten Stellschrauben und Erfolgsfaktoren: von Konzept und Formaten über Eventmarketing, Ablauforganisation bis hin zu Didaktik und Inszenierung. Anhand von konkreten Praxisbeispielen geben sie direkt umsetzbare Tipps für den Branchenalltag und zeigen auf, wie der Erfolg gesichert und aus Fehlern gelernt werden kann. Ein unverzichtbares Grundlagenwerk für alle, die Veranstaltungen wie Kongresse, Tagungen oder Konferenzen konzipieren und organisieren.

Der Inhalt Veranstaltungsformate und Programmentwicklung - Marktteilnehmer und Finanzierung - Marketingkommunikation und Interaktion - Live Communication und Partizipation - Referenten und Kongresstechnik - Teilnehmerservice und Catering - Locations und Settings - Projektmanagement und Kongressorganisation - Rechtsfragen und Risikomanagement - Content Management und Wissensmanagement - Personal und Berufsbild - Lernen und Nachhaltigkeit - Qualitäts- und Beschwerdemanagement

Jetzt bestellen: springer.com/shop

Printed in the United States
By Bookmasters